面接試験 合格への道筋

1. 面接試験の意味
2. 面接試験の種類
3. 面接試験で好印象を与える服装
4. 入室から退室までの流れ
5. 控え室での注意
6. 入室とお辞儀のしかた
7. 着席のしかたと美しい姿勢
8. 質問の答え方と好印象を与える話し方
9. 離席と退出
10. まとめ

面接試験を受ける前に,面接がどういった流れでおこなわれるのかを,しっかりイメージしておくことが大切です。面接開始から終了まで,模範的な中学生であることを見せましょう。

1 面接試験の意味

面接試験とはどういうものか

　面接試験とは，面接官（高校の先生）が，受験生に対してさまざまな質問をし，その質問に対する答えや，その時の表情や態度などを通して受験生の本当の姿を見抜こうとする試験の方法です。

受験の時に提出する各種の書類や調査書などもチェックされますが，それだけでは見抜けない受験生の特徴が多くあります。

そこで受験生と直接会い，「この受験生は我が校に入学させてよいかどうか」を見抜こうとします。

高校側が求める受験生とはどんな人か

　面接試験は「我が校に入学させたい受験生」を見極めるためにおこなうものなので，受験生は，高校がどういう受験生を求めているのかを知り，自分がそういう人であることを演出することができれば，それが合格への近道になります。

　では，高校側はどういう人を求めているのでしょうか。それをまとめると，次の3点になります。

❶ 入学意欲の高い受験生

❷ 能力の高い受験生

❸ 優れた人間性を持つ受験生

「この高校に入学しなければならない」という理由を，自信を持ってはっきりと説明できる受験生ほど高く評価されます。

成績のほか，部活動での実績，生徒会・委員会・ボランティアなどの活動への参加状況なども，受験生の能力の高さを見る材料になります。

学校は多くの人が学ぶ場所ですから，高校側は，その環境を乱すおそれのある人を入学させたいとは思いません。

2　面接試験の種類

　面接試験の方法（形式）としては，おもなものに個別面接，集団面接，保護者面接の3種類があります。それぞれの方法の特徴を知っておきましょう。それとともに，自分の志望校はどの方法でおこなわれるのか，前もって調べておかなければならないことは言うまでもありません。

① 個別面接

【受験生1人×面接官】

受験生1人と面接官（高校の先生）の間でおこなわれる面接のことです。面接官の人数は1人の時も複数の時もあります。
多くの高校で，この個別面接を採用しています。

② 集団面接

【受験生複数×面接官】

集団面接はグループ面接とも呼ばれ，一度に複数の受験生と面接をして審査する試験のことです。
ただし，この方法でもあくまでも面接官と受験生1人ひとりとの対話で進められ，受験生どうしが会話することはありません。対応のしかたは個別面接と同じと考えてかまいません。

③ 保護者面接

【保護者&受験生×面接官】

受験生本人のほかに保護者も参加しておこなわれる形式です。「親を見れば子がわかる」と言われることがありますが，保護者への質問をすることで受験生の日頃の様子などを知ろうとしています。この形式では，受験生と保護者が同席するケース（同伴面接）のほかに，別々におこなうケースもあります。

3　面接試験で好印象を与える服装

　面接官は，試験場に入室する瞬間からキミのことを見ています。この時，まず最初に目に入るのは身だしなみです。身だしなみが整っていれば，「中学校の校則を守れているな」「しっかりとした受験生

女子の場合

- □ 化粧をしたり，アクセサリーを身につけたりしない。
- □ 上着やブラウスにはアイロンをかける。
- □ 爪を切り，清潔に保つ。マニキュアは厳禁。
- □ スカートはアイロンでシワを伸ばし，折り目をつける。スカート丈に気をつける。
- □ 靴は革靴が望ましい。きちんと磨いておく。
- □ 髪を整え，清潔な髪型にする。
- □ 肩口のフケや髪の毛を落とす。
- □ 上着のボタンをしっかりと留める。
- □ ポケットの中にものを入れない。ふたは外に出す。
- □ 靴下は，校則に合わせたものにする。指定がなければ白や紺の無地のものにする。だらしがないはき方をしない。

好印象につながるポイント

制服は正しく着用する

制服は，校則に従った着方をしましょう。高校側は，校則をはじめ与えられたルールをしっかり守れる受験生を高く評価します。また，アイロンをかけるなどして，丁寧に着ていることをアピールしましょう。

だ」などと好印象を持ってもらえるでしょう。
逆に、乱れた服装や髪型など、身だしなみが整っていないと悪い印象を与えてしまいます。

男子の場合

- ☐ 髪を整え、清潔な髪型にする。
- ☐ 肩口のフケや髪の毛を落とす。
- ☐ 上着のボタンをしっかりと留める。
- ☐ ポケットの中にものを入れない。ふたは外に出す。
- ☐ 靴下は、校則に合わせたものにする。指定がなければ白や紺の無地のものにする。だらしがないはき方をしない。
- ☐ ひげをそり、目やにを取り除く。
- ☐ アイロンをかけたワイシャツを着用する。
- ☐ 爪を切り、清潔に保つ。
- ☐ ズボンはアイロンでシワを伸ばし、折り目をつける。ズボンの裾の長さに気をつける。
- ☐ 靴は革靴が望ましい。きちんと磨いておく。

好印象につながるポイント

清潔感を保つ

髪を染める、化粧をする、眉をそるなどといったことは避けましょう。

制服がない場合

派手（華美）でない服装を選んでください。心配な場合は、学校の先生などに相談しましょう。

4　入室から退室までの流れ

　多くの場合，面接は以下のような順序(手順)でおこなわれます。この流れをしっかり頭の中にイメージしておくとともに，あとに示したくわしいやり方に従って，何度か練習して，慣れておくことが何よりも大切です。

　面接の基本は，面接が始まってから終わるまで，模範的な中学生であることを面接官に「見せる(演出する)」ことがポイントです。そのためにはつねに，明るく，はきはきと，礼儀正しく，さわやかで，しっかりとした受け答えをすることです。

5　控え室での注意

　高校側は，控え室でのキミの態度もチェックしています。控え室から面接試験が始まっていると言ってもよいでしょう。待っている時も気を抜かないように。ただし，あまり緊張しすぎるとよくないので，できるだけリラックスするようにしましょう。

礼儀正しい態度で待つ

礼儀正しい態度で，静かに順番を待ちましょう。控え室に書かれている注意書きなどはきちんと読んでおくこと。

書類は丁寧に書く

書類などを書くよう指示されたら，丁寧に書きましょう。試験本番で書いた内容についての質問が出る時もあります。何を書いたかもきちんと覚えておく必要もあります。

トイレは済ませておく

トイレには早めに行きましょう。また，行く時には，勝手に席を離れず，係の人に申し出るようにしましょう。

好印象につながるポイント

待っている時の態度に気をつける

友だちとおしゃべりして騒ぐ，教室をうろつき回る，だらしなく座る，居眠りをする，これらはすべてNG行動です。控え室での行動も面接の一部だということを忘れないようにしましょう。

6　入室とお辞儀のしかた

入室のしかた

　呼ばれて面接がおこなわれる部屋に入る時に第一印象が決まります。第一印象がよいと好印象のまま面接が進み、必ずやよい結果が出るに違いありません。動作には注意しましょう。

① ノックをして、静かにドアを開ける

呼ばれたら、はっきりとドアをノックし、静かにドアを開けます。

② 笑顔で挨拶する

「失礼します。」

さわやかな笑顔とともに「失礼します」と言って入室します。

③ ドアを静かに閉めて一礼する

ドアを静かに閉め、その場で、面接官に向かって直立し、一礼します。

好印象につながるポイント

自分の順番に気をつける

順番が来ると、「次の人、どうぞ」などと呼ばれます。聞きのがさないようにしましょう。

ドアは静かに開け閉めする

ドアを乱暴に開け閉めしたり、開けたままにしたりしないようにしましょう。後ろ手で閉めるのもやめましょう。

お辞儀のしかた

面接では，入室や退室の時にお辞儀をしますが，これにもルールがあります。適切なお辞儀のしかたを知り，よく練習しておきましょう。

相手を見てお辞儀をする

お辞儀をする時は相手を見ます。お礼の意味を相手に伝えるために大切なことです。

腰より上はまっすぐにする

頭だけをチョコンと下げてお辞儀をするのは，面接官にあまりよい印象を与えません。腰から上はまっすぐに保ちながら折り曲げる形のお辞儀をします。

お辞儀の角度に注意する

お辞儀は，礼をする角度によって3種類に分けられます。
①会　釈…15°程度のお辞儀。入室や退室する時におこなう。
②敬　礼…30°程度のお辞儀。着席前におこなう。
③最敬礼…45°程度のお辞儀。面接終了後におこなう。

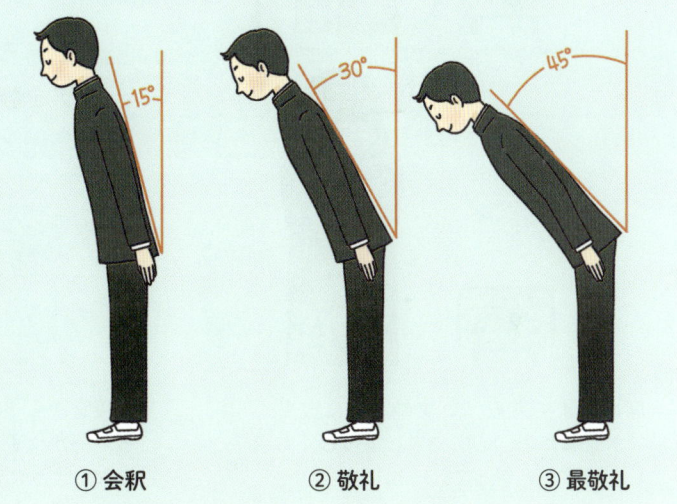

① 会釈　　② 敬礼　　③ 最敬礼

好印象につながるポイント

話しながらお辞儀をするのはダメ！

よく「ありがとうございました」と礼を述べながらお辞儀をする人がいます。しかし，こういうお辞儀は面接官にいい加減という印象を与えてしまい，よいとは言えません。こんな時は「ありがとうございました」と述べたあとにお辞儀をすると，丁寧さが伝わります。

7　着席のしかたと美しい姿勢

着席のしかた

部屋に入ったら着席しますが、その時も順序がありますので、注意しましょう。

① いすの横で一礼する

（×○番、○○○○です。）

席の側まで進み、いすの左横に立ち、「×○番、○○○○です。よろしくお願いします」と言って、一礼します。

② 指示を受けたら静かに座る

（座ってください。）

面接官から「座ってください」などと指示されてから、静かに着席します。この時、できるだけ音をたてないように注意しましょう。

好印象につながるポイント

いきなり着席しない

面接官からの指示があるまでは座らないようにしましょう。

いすを乱暴に扱わない

いすを乱暴に引くと、耳ざわりな音が出るので、気をつけましょう。また、大きな音をたてて座らないように。

美しい姿勢

面接官に与える印象を大きく左右するものに姿勢があります。悪い姿勢は印象がよくありませんので，正しい姿勢の保ち方を知って，日頃から練習しておきましょう。

頭を傾けない

頭を傾けると，面接官に不安定な印象を与えます。

背筋を伸ばす

背筋を伸ばし，緊張感を保った姿勢を心がけます。頭のてっぺんを上から引っ張られているようにイメージするとよいでしょう。

手先や足先まで意識する

指先をまっすぐに保ったり，両足のかかとをつけたり，片足だけに重心がかからないようにしたりするなど，手の先や足の先まで意識しましょう。

起立している時

- ☐ 頭を傾けない
- ☐ 背筋を伸ばす
- ☐ 手は指先までまっすぐに伸ばす
- ☐ 片足だけに重心がかからないようにする
- ☐ かかとをつけ，つま先を少し開く

着席している時

- ☐ 面接官のほうを向き，視線を相手の顔に向ける
- ☐ 背もたれに寄りかからない
- ☐ 手は膝のあたりに添える。男子は指先を軽く丸め，女子は手のひらを重ねる
- ☐ かかとを床につける

8 質問の答え方と好印象を与える話し方

質問の答え方

　面接試験では，質問されたことに対してきちんと正しく答えることが大切です。そして，ただ答えればよいのではなく，答える時の表情・姿勢・言葉づかいなども重要になります。

的確に答える

質問をよく聞いて，どういったことを問われているのかを理解し，それに対して正しく答えます。的外れな答えでは評価されません。

視線を外さない

うつむいたり，横を向いたりせず，面接官のほうにきちんと体を向け，面接官の目元あたりを見ながら話しましょう。話している間は視線を動かさないように。

姿勢を崩さない

質問を聞いている時はもちろんのこと，質問に答えている時も，表情や姿勢に気を配り，だらしない格好にならないようにします。

きちんとした言葉づかいをする

話し言葉や若者言葉を使わず，敬語を適切に用いましょう。改まった表現（「恐れ入りますが…」など）も使うように意識します。

好印象を与える話し方1－表情

　会話をする時には，話の内容を聞くだけではなく，話している相手の表情も見るものです。キミが自信のない表情や暗い表情で答えていれば，それが面接官にも伝わります。逆に，自信のあるさわやかな表情で答えていれば，面接官にもそれが伝わり，印象がよくなるに違いありません。話している時の表情は，実は大きな働きをするのです。さわやかな表情をつくるポイントは，次の3点です。この3点をつねに意識して，相手によい印象を与える話し方を心がけましょう。

口角を引き上げる

口角とは，唇の左右のはしの部分を指します。ここを引き上げることを心がけると，さわやかな表情をつくることができます。逆に，口角をゆるめたり，さらに進んで口を開きっぱなしにしたりしておくと，だらしなく見えます。

目を大きめに開く

目を開いて相手を見つめると，その人の意志や内面の強さなどが現れていると感じさせます。そのようにして話すと，話の内容に力強さを与えるとともに，よい印象で，受け取ってもらえます。

目線はまっすぐ水平に

あごを引き，面接官の目元からのど元（ネクタイの結び目の位置）あたりを見るようにすると，キミの目線はほぼ水平になります。話す時は目線を水平にすることを忘れてはいけません。

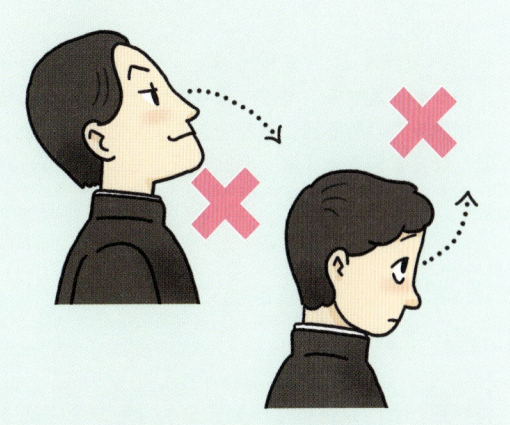

目線が水平ではなく，上からのぞき込む（目線が下向き）と横柄な印象に，下から見上げる（目線が上向き）と暗い印象を与えるので，どちらも避けましょう。

好印象を与える話し方2－声の調子

面接では，キミが思っていることや考えたことを言葉にしますが，その言葉が面接官にしっかりと伝わるようにしなければなりません。その時に最も重要な要素が声の大きさです。

やや大きめに声を出す

面接試験は，多くの場合，教室や会議室などのような比較的大きな会場でおこなわれるので，普通の会話の時の大きさで話すと，声があまり通りません。やや大きめに声を出し，口をはっきりと開けて話すように心がけます。

ワンランク上の話し方を目指す時は，話すスピードと声の高さ，それに声の強弱に気を配るようにします。同じ内容のことを話していても，ワンランク上の話し方ができれば面接官に与える印象もアップするに違いありません。

話すスピード

早口で話すと，「落ち着きがない」という印象を与えがちで，よくありません。大切なところはゆっくりと，そうでないところは早口にならない程度にやや速めに話すなど，話すスピードに少しメリハリをつけると，印象深く聞いてもらえます。

声の高さ

高い声で話すと，「幼稚っぽい」といった悪いイメージを与えやすいので，落ち着いた低めの声のほうが説得力のある話し方ができます。ただ，あまり低くなりすぎると「ボソボソ」話しているような感じを与えるので，気をつけましょう。

声の強弱

弱い声だと，自信のない発言のイメージを与えます。重要なところは声を強め，そうでないところは適度な強さの声で話すなど，声の強さにもメリハリをつけて話す工夫をすると，印象深い話し方ができます。

9 離席と退出

面接官からの質問が終わったらすべてが終わりというわけではありません。退出する時も，緊張を解かないようにしましょう。

① 静かに席を立つ

「はい，結構です」など，面接が終わったことを告げる面接官の言葉を聞いたら，静かに立ちます。動かしたいすは元の位置に戻します。

② 笑顔で挨拶する

立ったらその場で，さわやかな笑顔とともに「ありがとうございました」とお礼の言葉を述べ，一礼します。

③ ドアのほうへ進んで一礼する

ドアのほうへ静かに進みます。ドアの前で面接官のほうへ向き直り，「失礼します」と言ってもう一度一礼します。

④ 教室を出る

ドアを静かに閉めて部屋の外に出ます。ドアを閉める時もバタンと激しく音をたてたりしないようにしましょう。

好印象につながるポイント

面接会場を出てからも注意する

面接会場から出た時，終わった安心感から，「終わったぁー」などと大声を出したり，ダラダラ歩いたりしたら，それまでの努力は水の泡。面接試験は学校を出るまで続いています。気をつけましょう。

15

10　まとめ

質問の答え方

　面接試験で，どんなところを気をつけなければいけないのかを見てきました。最後にもう一度，おもなポイントをまとめておきます。

☐ 入学への意欲や志望学科への関心の高さを示す

志望高校や志望学科について，前もって研究しておきましょう。しっかり研究している受験生ならば，それらに対する熱意や自信は，答えの中身や表情，態度などに必ず現れるものです。

☐ 服装や髪型などに気をつける

爪や靴など，細かいところまで気を配るようにしましょう。

☐ マナーをわきまえた行動をする

面接という場であることを考えて，中学生としてふさわしい言動をするよう心がけましょう。試験を受けている間だけではなく，控え室での立ち居振る舞いにも注意します。

☐ 面接官に理解してもらえるような話し方を身につける

声の大きさ・調子だけでなく，ふさわしい言葉づかいをするように気をつけましょう。

面接試験の勘違い

　最後に，面接試験を受ける時に起きやすい勘違いについて述べておきます。
　ときどき，面接試験では普段の自分を見てもらうのが本当だと言って，面接試験に対する対策を一切せずに試験を受ける人がいます。その一方で，ウソで自分自身を固めて面接にのぞむ受験生もいます。こういう人は自分をよりよく見せようとして，ウソの実績を挙げたり，思いもしたことがないような内容を述べたり，使ったこともないような難しい言葉を用いたりするのです。
　これらはどちらも間違っています。面接試験で大事なのは，TPO に合った自分を演出することなのです。TPO とは，

　　　Time ＝時間，Place ＝場所，Occasion ＝場合

のことですが，面接試験という場所に合った適切な話や振る舞いをする（それらが，最大限伝わるように演出することも含む）ことが大切なのであって，その努力をしなかったり，逆にオーバーに自己主張したり，ウソをついたりすることではないのです。

Σ BEST
シグマベスト

高校入試
合格を決める！

面接

神﨑史彦 著

文英堂

この本に込めた著者の\熱き/思い

　高校入試では，多くの私立高校が面接試験を実施していますが，公立高校でも推薦入試などを中心に面接試験を課すケースが増えてきました。そんなことから，この本（この参考書）を買ったり，あるいは書店でこの本を立ち読みしたりしているキミは，おそらくこれから面接試験の対策をしようと考えている人だと思います。そのキミの勇気に私は拍手を送ります。ただ残念ながら，この本は「読むだけで面接試験が突破できる」というようなものではありません。もし，そんな気持ちでこの本を使おうと考えているのなら，はっきり言っておきます。

「面接試験対策は，そんな簡単なものではない！」

　参考書を読んだからといって，面接試験の受け方がうまくなるわけではありません。読むだけでうまくなるなら，日本中の中学生が面接の達人になっているに違いありません。これは，プロ野球の試合を見たからといって，野球がうまくなるわけではないというのと同じことです。模範となるものを見て，考え方ややり方を理解することは大切ですが，そこで得たものを自分で使えるようにならなければ意味がありません。どんな分野であれ，そこで成功している人はこつこつと練習して，その技術を自分で使えるようになったから上手になったのです。

　面接試験でも，服装やマナーはもちろんのこと，答え方の基本となる考え方などをこの本で学ぶだけでなく，実際に自分で練習したり，答えの内容を考えたりして，しっかりとキミ自身のものにしておくことが何よりも大切なことです。そんな努力を最後まで続けてがんばった人だけが面接の達人になれるのです。だから，もしキミのまわりに「面接なんて，参考書さえ読んでおけば何とかなるさ」と考えている友だちがいたら，ぜひ大きな声でこう言ってやってください。

「面接試験だって，本気でやらなきゃ突破できない！」

　そもそも，高校側が面接試験を課す理由は何でしょうか。高校側が入学試験の時に心配していることはたった1つ，「この生徒を本校に入学させて問題ないか」，これだけです。しかし，筆記試験などで各科目の成績を見るだけでは，受験生の本当の姿を見抜くことはできません。だから，先生自身の目で直接確認しようとするのです。先生方は，本当にこの受験生を入学させてもいいか，問題のある生徒ではないかなどと，少し悪く言えば，受験生を疑いの目で見ながら面接試験に臨むのです。

ところで，面接試験では普段のキミの姿がおもしろいほどわかるものなのです。たとえば，参考書を丸暗記した回答やウソの回答を述べれば，面接官はすぐに別の切り口からの質問をして受験生をゆさぶります。そうしたやりとりの中で，面接官は「やはりそうか」と気づくのです。なぜなら，自分自身で考えなかった回答には，続きの答えも関連した答えも用意されていないからです。また，立ち居振る舞いや態度，あるいは話し方などからも，キミの普段の様子がわかります。こういったことにはそれなりのやり方(マナーや言葉の使い方)があり，それを知らないと面接官に不快な感じを与えてしまい，低い評価しか得られません。

ここから，面接試験に対する準備のしかたが見えてきます。つまり，

「面接試験の採点の基準となる高校側の視点を知る」
「それに基づいた考え方や答え方，マナーや動作を学ぶ」

という対策や勉強が必要なのです。

この本は，いま述べてきた考え方をもとにして，私神﨑が，本気で面接試験の準備と対策をしたいと思っている中学生のために，力を込めて書いたものです。

この本を

「じっくりと読み，考え，そして自分で実際にやってみる」

ことで，間違いなく面接が上達できるように作りました。この本を手にしたら，神﨑を信じて積極的に取り組んでくれれば，面接の腕は確実に上がります。そして，面接試験を甘く見ている他の受験生たちに大きな差をつけて，必ずや栄冠を手にできるに違いありません。

この本を手にしてくれたキミは，今日から私の大切な生徒です。私といっしょに勉強して面接の達人になり，高校入試突破を目指しましょう！

カンザキメソッド代表　神﨑史彦

この本の構成と使い方

この本は，合格できる面接マナーについて，イラストと解説文でわかりやすく説明しています。読み進めていけば，面接試験の流れが理解でき，よい印象を与える答え方などが身につけられます。

特集　面接試験合格への道筋

面接官の先生によい印象を与える動作などがわかるようになっています。イラストを見ながら，本番での動きを練習してみましょう。

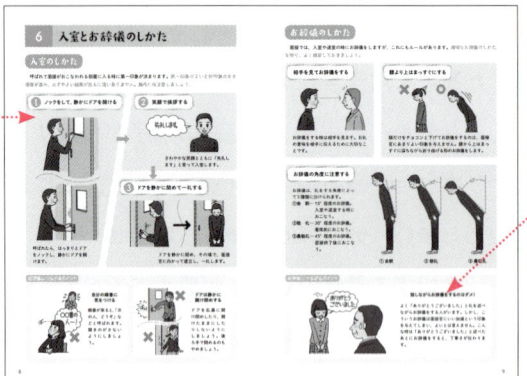

下段は，「好印象につながるポイント」として，注意すべき動作を示しています。どんな動作がよくて，どんな動作がダメなのかをチェックしておきましょう。

1章　面接試験に合格するためのポイント

言葉づかいや答え方など，試験を受ける時に必要な要素を解説しています。わかりやすいイラストつきなので，具体的なイメージをつかんでいきましょう。

「ポイント」は単元の重要部分をまとめています。ここはしっかりおさえておきましょう。

「レベルアップ」は，さらに上手に受け答えができるようになる情報が載っています。読んでおいて，ライバルに差をつけましょう。

別冊付録　受験直前の準備に役立つ『直前サポートブック』

受験直前の準備に役立つことがまとめてあります。
この本を読んで本番に備えましょう。
切り離して持ち歩きが可能です。

その他　模擬面接音声　無料ダウンロード

答え方のよい例・悪い例を耳で聞いて確認できます。
また，質問の音声に自分で答えて，本番さながらの練習ができます。

20

2章 よくされる質問の模範回答例・NG回答例

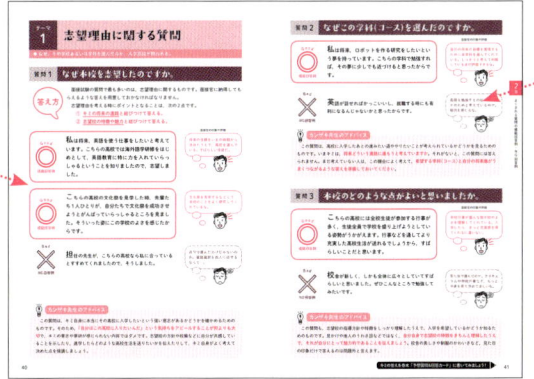

本番でよく聞かれる質問の模範回答例とNG回答例の両方を示しています。

面接官の印象やアドバイスを読めば，上手な答え方がわかるようになります。

巻末にある「予想質問＆回答カード」に自分の回答を書いておきましょう。1枚ずつ切り離してリングで閉じれば，持ち歩ける自分だけの「面接試験回答ネタ帳」が完成します。

ここまでは必ず学習しましょう。余裕のある人は3章に進みましょう。

3章 入試面接を再現する

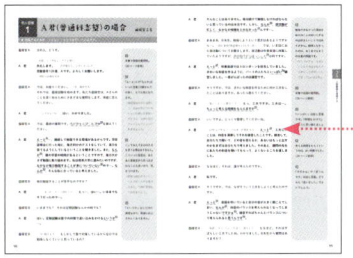

実際の面接試験がどのようにおこなわれているかを紙面上に再現しています。最後に面接官の評価も載っていますので，答え方の参考にしましょう。

4章 保護者面接の対策法

保護者面接がある学校を受験する方は，保護者の方に読んでおいてもらいましょう。

音声再生アプリSigmaPlayer2について

お持ちのスマートフォンやタブレットで模擬面接の音声を聞くことができる無料アプリです（通信使用料は別途必要です）。

インターネットに接続可能な状況でご使用ください。
● アプリ名…SigmaPlayer2（スマートフォン・タブレット用）
● 対応機種…iPhone，iPad，Android
　　　　　　（iOS 10.0以降／Android 5.0以上）
※小社HPより，音声ダウンロードも可能です。
　下記URLにアクセスし，「サポート」ページをご覧ください。
　http://www.bun-eido.co.jp

21

目　次

特集　面接試験合格への道筋 ……… 1

この本に込めた著者の熱き思い ……… 18
この本の構成と使い方 ……… 20

1章　面接試験に合格するためのポイント

1. 面接試験への対策 ……… 26
2. 面接にふさわしい言葉づかい ……… 28
3. 質問に対する答え方 ……… 34
4. 困った時の対応 ……… 36
5. 「面接シート」の書き方 ……… 37

2章　よくされる質問の模範回答例・NG回答例

テーマ1　志望理由に関する質問
- 質問1　なぜ本校を志望したのですか。 ……… 40
- 質問2　なぜこの学科（コース）を選んだのですか。 ……… 41
- 質問3　本校のどのような点がよいと思いましたか。 ……… 41

テーマ2　他校受験に関する質問
- 質問1　本校のほかに，受験した高校はありますか。 ……… 42
- 質問2　本校は第一志望ですか。 ……… 43
- 質問3　本校が不合格になったら，あなたはどうしますか。 ……… 43

テーマ3　校則に関する質問
- 質問1　校則の役割とは何でしょうか。 ……… 44
- 質問2　本校の校則は厳しいですが，守れますか。 ……… 45
- 質問3　集団生活を営むうえで大切なことは何だと思いますか。 ……… 45

テーマ4　高校生活に関する質問
- 質問1　本校に入学して，勉強以外にやりたいことはありますか。 ……… 46
- 質問2　入学後の学習面で，特にこうしたいと思っていることがありますか。 ……… 47
- 質問3　本校では資格が取れますが，興味はありますか。 ……… 47

テーマ4（続き）
- 質問4　本校までの通学方法を教えてください。 ……… 48
- 質問5　だいぶ遠いようですが，3年間通えますか。 ……… 48

テーマ5　合格後に関する質問
- 質問1　受験が終わったら，何をしたいですか。 ……… 49

テーマ6　将来に関する質問
- 質問1　高校を卒業してからどうしたいですか。 ……… 50
- 質問2　あなたの将来の夢は何ですか。 ……… 51
- 質問3　あなたの夢を実現するために，本校でできることはありますか。 ……… 51

テーマ7　自分自身に関する質問
- 質問1　あなた自身について，簡単に教えてください。 ……… 52
- 質問2　30秒くらいで自己PRをしてください。 ……… 53
- 質問3　いままでで一番感動したことは何ですか。 ……… 54
- 質問4　将来どのような人になりたいですか。 ……… 54

テーマ8　尊敬する人に関する質問
- 質問1　尊敬する人は誰かいますか。 ……… 55

テーマ9	長所と短所に関する質問
質問1	あなたの長所は何ですか。……………… 56
質問2	他人から注意されて，直したいと思っているところはありますか。……………… 57
質問3	家族や友だちは，あなたのことをどう見ていますか。…………………………… 57

テーマ10	特技や趣味に関する質問
質問1	あなたの特技は何ですか。……………… 58
質問2	あなたの趣味は何ですか。……………… 59
質問3	自慢できることが何かありますか。…… 59

テーマ11	好きな言葉に関する質問
質問1	座右の銘にしている言葉がありますか。……………………………………… 60
質問2	あなたの好きな言葉は何ですか。……… 61
質問3	あなたが大切にしている言葉は何ですか。……………………………………… 61

テーマ12	友人関係に関する質問
質問1	あなたには親友と呼べる友だちがいますか。……………………………………… 62
質問2	あなたにとって，気の合う人と気の合わない人の違いはどのようなことですか。… 63
質問3	友だちとけんかをしたことはありますか。……………………………………… 63
質問4	友だちとつきあううえで，大切なことはどのようなことですか。……………… 64
質問5	友だちとどのような話をしますか。…… 64

テーマ13	読書に関する質問
質問1	最近読んだ本で，印象に残っているものは何ですか。………………………………… 65

テーマ14	学業に関する質問
質問1	あなたの得意科目を教えてください。… 66
質問2	苦手科目はありますか。………………… 67
質問3	勉強でわからないところはどうしていましたか。…………………………………… 67

テーマ15	塾や習い事に関する質問
質問1	塾には行っていましたか。行っていたのなら，どれくらいの頻度でしたか。……… 68
質問2	塾で習っていない科目はどのように勉強しましたか。………………………………… 69
質問3	習い事に通っていますか。もしくは，過去に通っていましたか。………………… 69

テーマ16	中学校での部活動に関する質問
質問1	中学校で部活動は何かしていましたか。……………………………………… 70
質問2	部活動での思い出は何かありますか。… 71
質問3	高校でも，同じ部活動を続けたいですか。……………………………………… 71
質問4	部活動で学んだことは何ですか。……… 72
質問5	なぜ部活動をやめたのですか。………… 72

テーマ17	委員会や生徒会に関する質問
質問1	中学校で委員会や生徒会活動はしていましたか。………………………………… 73

テーマ18	中学校生活に関する質問
質問1	中学校生活で最も印象に残っていることは何ですか。………………………………… 74
質問2	あなたの通う中学校について説明してください。………………………………… 75
質問3	小学校と中学校の違いについて，あなたはどのように考えていますか。…………… 75

テーマ19	熱中したことに関する質問
質問1	あなたが中学校生活で熱中したことについて教えてください。……………………… 76

テーマ20	中学校時代の思い出に関する質問
質問1	中学校での一番の思い出は何ですか。… 77

テーマ21	中学校の先生に関する質問
質問1	3年の担任の先生はどのような人ですか。……………………………………… 78

テーマ22	調査書の内容に関する質問
質問1	2年生の時に欠席や遅刻が多いようですが，どうかしたのですか。………………… 79

テーマ23	家族に関する質問
質問1	ご両親はどのような方ですか。………… 80
質問2	あなたの家族構成を教えてください。… 81

質問3	保護者の方のお名前と職業を教えてください。……… 81
質問4	兄弟・姉妹の仲はどうですか。兄弟げんかはしますか。……… 82
質問5	家族とどのような話をしますか。……… 82

テーマ24　家庭での手伝いに関する質問
| 質問1 | 家で手伝いをしますか。……… 83 |

テーマ25　生活スタイルに関する質問
質問1	友だちと遊びに行くことは多いですか。……… 84
質問2	朝食は毎日きちんと食べていますか。… 85
質問3	休みの日は何をして過ごしていますか。……… 85

テーマ26　校外の活動に関する質問
| 質問1 | 地域交流やボランティア活動に参加したことがありますか。……… 86 |
| 質問2 | ボランティア活動やアルバイトに興味はありますか。……… 87 |

テーマ27　社会的なできごとに関する質問
| 質問1 | 新聞やテレビのニュース番組を見ていますか。……… 88 |
| 質問2 | 最近，気になっている社会的なできごとは何ですか。……… 89 |

テーマ28　情報化社会に関する質問
質問1	インターネット上のマナーについてどう思いますか。……… 90
質問2	携帯電話やスマートフォンを持っていますか。どう使っていますか。……… 91
質問3	テレビを一日何時間見ますか。……… 91

テーマ29　環境問題に関する質問
| 質問1 | 環境問題に対して，あなたはどのように取り組みたいと思っていますか。……… 92 |

テーマ30　高齢化社会に関する質問
| 質問1 | 高齢化社会において，あなたにできることは何ですか。……… 93 |

テーマ31　国際化に関する質問
| 質問1 | 日本に住む外国人が増えているいま，彼らと交流する時に大切なことは何だと思いますか。……… 94 |

テーマ32　車内マナーに関する質問
| 質問1 | 電車の中での携帯電話やスマートフォンの使用をどう思いますか。……… 95 |

テーマ33　優先座席に関する質問
| 質問1 | あなたは，バスや電車の優先座席は必要だと思いますか。……… 96 |

3章　入試面接を再現する

個人面接1	A君（普通科志望）の場合 ……… 98
個人面接2	Bさん（商業科志望）の場合 ……… 102
集団面接1	Cさん・D君・Eさん（普通科志望）の場合 ……… 109

4章　保護者面接の対策法

1	保護者面接の目的とポイント ……… 116
2	確認しておきたい身だしなみとマナー ……… 118
3	保護者に対する質問集 ……… 121

巻末「予想質問＆回答カード」

別冊『直前サポートブック』

面接試験に合格するためのポイント

面接試験の受け方については1〜16ページの「面接試験合格への道筋」で見てきました。この章では，さらに，正しい言葉づかいと質問に対する答えの作り方について具体的に学んでいきましょう。
立ち居振る舞いに加えて，しっかりした言葉づかいで的確に答えを言えるようになれれば，合格を手に入れたも同然です。

1 面接試験への対策

● 面接試験に合格するためには，さらにどんなことが必要か。

面接試験の効果的な対策ポイントを知ろう

　1～16ページの「面接試験合格への道筋」で，面接官が，キミのどのようなところをチェックするのか，つまり「面接官の視点」とでも言うべきものを見てきました。

　高校側がほしい受験生とは「意欲」「能力」「人間性」の3つが高い人でした。これらが高いかどうかを，面接官は受験生のどのようなところを見て判断しようとしているのでしょうか。ポイントを右にまとめておきますので，もう一度確認しておきましょう。

　こうした面接官の視点がわかれば，それに対してどのような対策を立てればよいのかがおのずとわかります。

　その対策とは，ズバリ！　この3つ，

　　「見た目」「話し方」「答え方」

をしっかり自分のものにしておくことです。

　では，それらはどういうものか，見ていきましょう。

面接官の視点

① **意欲**
入学への意欲や志望学科への関心があるかどうか。

② **能力**
提出書類だけではわからない受験生の価値観や主体性がどうであるか。
本人の発言と提出書類の内容とのつじつまが合っているか。

③ **人間性**
面接にふさわしい言動ができるかどうか。

「見た目」を大切にしよう

　熱意があり，なおかつ，模範的な中学生であることを演出するためには，いわゆる「見た目」に気を配ることが重要です。「見た目」とは，具体的には服装や髪型のほか，態度や表情，立ち居振る舞いなどのことです。

　これらについては，1～16ページで学んできました。不安な人はもう一度確認しておくとよいでしょう。

　面接官はキミの「見た目」のすべてを観察しています。なかでも，第一印象は面接官に大きな影響を与えることがしばしばあるので，しっかりと意識しておかなければなりません。服装や髪型，態度，表情，細かいところまで注意が行き届いていると，「この受験生はつねに身だしなみには気をつけているな」と，高い評価が得られます。

　そのためには，つね日頃から自分の身だしなみについてこまめにチェックする習慣をつけておくのも大切です。

相手に伝わる話し方を身につけよう

　面接試験では、キミが思っていることや考えたことを言葉にして、面接官に伝えなければなりません。

　そのために大切なことは、**面接官に理解してもらえるような話し方を身につけておく**ということです。

　14ページで、話す時には、右の点が重要であることを学習しました。

　それ以外にも、**面接試験の場にふさわしい言葉づかいに気を配る必要があります**。次のページから、正しい言葉づかいについて説明していますので、よく読んで身につけておきましょう。

> **話し方の注意**
> ① **声の大きさ**
> 　大きめに声を出し、口をはっきり開けて話す。
> ② **話すスピード**
> 　スピードにメリハリをつける。
> ③ **声の高さ**
> 　落ち着いた低めの声を出す。
> ④ **声の強弱**
> 　強さにもメリハリをつける。

質問されたことに対してきちんと答えよう

　最後は、質問に対する答え方についてです。

　面接試験の基本は、**質問されたことに対してきちんと正しく答えること**です。

　それができるためには、**どういったことを問われているのかを正確につかむことが何よりも重要になります**。いくら正しい言葉づかいができていても、中身が的外れな答えでは評価されません。

　また、面接時に予想外の質問を受けたり、答えを言い間違えてしまったりすることもあります。そんな時の答え方も身につけておくと、本番で慌てることがなくなります。

　具体的な説明は34ページ以降を読みましょう。

◎面接に合った「見た目」「話し方」「答え方」を知る。

 **高校側が求める受験生の姿を知る方法**

　どこの高校でも、建学の理念や教育目標などを掲げています。たとえば「人間性が豊かで、勤勉で、実践力に富む人材を育てる」などという教育目標を持つ高校であれば、「人間性が豊かな学生」「勤勉な学生」「ものごとを考えるだけでなく、実践できる学生」がほしいことがわかります。これらは高校案内のパンフレットなどに書かれていますので、参考にしてください。高校の入試説明会などで、直接先生方に尋ねてもよいでしょう。

2 面接にふさわしい言葉づかい

● 言いたいことをきちんと伝えるには，どのようなことに気をつけて話したらよいか。

使ってはいけない言葉に気をつけよう

面接では，面接官が不快に思う話し方をしてはいけません。

面接官は，特に**若者言葉や話し言葉を使う中学生にはあまりよい印象を持たない**ので，注意します。これらの言葉は知らないうち使っていることが多いので，気をつけたいところです。

若者言葉

「超〇〇」「普通に〜」「一応〜」「〜げ」「〜じゃん」など，おもに若者が日常的に使っている言葉のことです。**面接の時に使う言葉としては適当ではありません**。面接官に，きちんとした言葉づかいができない生徒だと思われてしまいます。

どのようなものがあるか，下にまとめておきましたので，確認しておきましょう。

使ってはいけない若者言葉

✕ 超〇〇	例）	超がんばってます。
✕ 普通に〜	例）	普通に就職したいです。
✕ マジ〜	例）	マジ勉強してます。
✕ 〜げ	例）	それ，よさげじゃないですか？
✕ ていうか	例）	ていうか，学園祭を見てすばらしかったので，この学校にしました。
✕ っつーか	例）	っつーか，先輩のすすめで，この学校にしました。
✕ 〇〇な人	例）	私ってきちょうめんな人じゃないですか。
✕ 私的には	例）	私的にはこの学校を気に入っています。
✕ 一応〜	例）	一応陸上部に入っています。
✕ なんか〜	例）	なんか，この学校に入りたいと思うんですけど。
✕ めっちゃ	例）	受かったら，めっちゃうれしいです。

話し言葉

「〜じゃない」「そんな」「やっぱり」「だけど」など，日常の会話でよく用いられている言葉のことです。「部活」などの省略語も，ここに含まれます。**公式な場で用いる言葉としては問題があるので，使わないほうがよいでしょう。**

次のページに，よく使われる話し言葉と，その言い換え例をまとめてみました。正しい言葉づかいができるように覚えておきましょう。

話し言葉と，その言い換え例

✗ そんな	⇒	○ そのような
✗ 〜だけど	⇒	○ 〜ですが
✗ 〜っていうのは	⇒	○ 〜というのは
✗ 〜じゃない	⇒	○ 〜ではない
✗ こないだ	⇒	○ この間，先日
✗ やっぱ，やっぱり	⇒	○ やはり
✗ なにげに	⇒	○ 何気なく
✗ いろんな	⇒	○ いろいろな
✗ ちゃんと	⇒	○ きちんと，はっきりと
✗ すっごく，すごい	⇒	○ たいへん，非常に
✗ とっても	⇒	○ とても
✗ 一発で	⇒	○ 一回で，一度で
✗ 見れる（ら抜き言葉）	⇒	○ 見られる
✗ 食べれる（ら抜き言葉）	⇒	○ 食べられる
✗ ケータイ	⇒	○ 携帯電話
✗ 部活	⇒	○ 部活動
✗ バイト	⇒	○ アルバイト

1章 面接試験に合格するためのポイント

◎面接では，いわゆる「若者言葉」や「話し言葉」は使わない。

 **キミの話し方の癖をつかもう**

　話し上手になりたいと思うのであれば，まずはキミ自身の話し方の癖をつかむことから始めることです。話している本人は気づかないかもしれませんが，必ず何かの癖があるはずです。それを知るためには，身近な人に尋ねるのもよいですし，自分が話しているところを録音し，あとで聞いてみるのもよい方法です。そうして発見した癖が気になるものなら，まずそこから直していくことが上達への近道です。

人の呼び方を覚えよう

人の呼び方にもルールがあります。おかしな呼び方をすれば減点になりますので、きちんと覚えておきましょう。

自分のことは「わたし」または「わたくし」と言います。

家族については「父」「母」「兄」「姉」「弟」「妹」「祖父」「祖母」などという言い方をします。 面接の時など、改まった場面では「パパ」「ママ」はもちろんのこと、「お父さん」「お母さん」と言わないように。「お〜さん」は相手を敬う表現で、自分の家族のことを他人に話す時には使ってはいけないのです。「お兄さん」「お姉さん」「おじいさん」「おばあさん」も同じです。

反対に、**先生方については「担任」「校長」ではなく、「担任の先生」「校長先生」と敬った表現を使います。**

自分や他者の正しい呼び方

✗ 自分, 俺, あたし	⇒	◯ 私
✗ お父さん, パパ	⇒	◯ 父
✗ お母さん, ママ	⇒	◯ 母
✗ お兄さん	⇒	◯ 兄
✗ お姉さん	⇒	◯ 姉
✗ おじいさん	⇒	◯ 祖父
✗ おばあさん	⇒	◯ 祖母
✗ 担任	⇒	◯ 担任の先生
✗ 校長	⇒	◯ 校長先生

敬語を使うことに慣れよう

面接官はキミよりも大人、つまり目上の人です。**目上の人ならば当然、失礼にならないように、そして尊敬の意を伝えるために、敬語を使うのが望ましいですね。** しかし、敬語を正しく使うことは、それほど簡単なことではないのです。**普段から意識して使い、使い慣れておくことが大切です。**

敬語は、大きく**尊敬語・謙譲語・丁寧語**の３種類があります。よく使われる言葉の、敬語での言い方については33ページにまとめておきました。これらの言葉は間違いなく使えるようにしておきたいですね。

◎自分や身内の、正しい呼び方を覚える。
◎敬語は、普段から使い慣れておく。

それぞれの敬語の使い方を知ろう

尊敬語

相手の動作を敬って言うことで，「〜が（＝主語）」に当たる人への尊敬の気持ちを伝える言葉のことです。

「お話しになる」などのように，「お（または「ご」）〜になる」という形で表すのが一般的です。ただし，「行く」の尊敬語が「いらっしゃる」であるように，尊敬を表す特定の言葉がある場合はそちらを優先します。特定の形になる言葉については，33ページにまとめてありますので，覚えておきましょう。

尊敬語は，学校の先生や目上の人に対して使います。先生方の呼び方については，30ページに書いたように「担任の先生」「校長先生」と言うことを忘れないように。ただし，自分の家族のことを話す時は，両親など目上の人であっても尊敬語は使わないので，注意しましょう。

正しい尊敬語の使い方

✗ 担任がそう言いました。	⇒	○ 担任の先生がそうおっしゃいました。
✗ 校長が来ました。	⇒	○ 校長先生がお見えになりました。
✗ 先生がお話しになられています。	⇒	○ 先生がお話しになっています。

上から3つ目の例のように，敬語を重ねすぎてもおかしな言い方になります。丁寧に言おうとして，敬語を使いすぎないように気をつけましょう。

尊敬語は，自分の動作には絶対に使いません。謙譲語を使います。緊張すると，言い間違いをしやすいので，普段から正しい敬語を使うことが大切です。

謙譲語

自分の動作をへりくだって言うことで，「〜に（＝目的語）」に当たる人への尊敬の気持ちを伝える言葉のことです。「お話しする」などのように，「お（または「ご」）〜する」という形で表すのが一般的です。ただし，「言う」は「申す」，「行く」は「うかがう」などのように言います。特定の形になる言葉については，33ページにまとめてありますので，覚えておきましょう。

謙譲語は，自分や自分の家族について話す時に使います。また，動作だけでなく，人の呼び方にも気をつけなければなりません。家族の呼び方については，30ページにありますので，もう一度見直しておきましょう。

正しい謙譲語の使い方

- ✗ 私のお父さんは会社員です。　⇒　○ 私の父は会社員です。
- ✗ ご都合を聞いてから行きます。　⇒　○ ご都合をうかがってから参ります。
- ✗ 校長先生にそう言いました。　⇒　○ 校長先生にそう申しあげました。

丁寧語

文末に「〜です」「〜ます」「〜でございます」といった表現（丁寧語）を使うことで，全体に丁寧な印象を与えることができます。この方法はそう難しくないので，ぜひ覚えておいてください。

なお，尊敬語や謙譲語の使い方に自信が持てない時，文末の言葉を丁寧語にするだけでも相手に対する尊敬の気持ちがある程度は伝わります。**「です」「ます」は必ずつけて話しましょう。**

正しい丁寧語の使い方

- ✗ その話は担任の先生から聞いて知っている。　⇒　○ その話は担任の先生から聞いて知っています。
- ✗ いままで考えたこともない。　⇒　○ いままで考えたこともありません。

◎できるだけ敬語を使う。少なくとも丁寧語は必ず使うようにする。

　「…っすか。」は敬語？

よく若者の間で，「本当っすか」とか「本当っすよ」などのように，「…っすか」「…っすよ」という表現を使うことがあります。これは一般的に「ですか」「ですよ」という丁寧語の語尾を短くしたものと考えられていますが，これは敬語でしょうか。どう考えても，親しみの気持ちが伝わることはあっても尊敬の気持ちが伝わることはないでしょう。「…っすか」「…っすよ」は，目上の人である面接官に対して用いる言葉ではありません。

32

よく使う言葉の尊敬語・謙譲語を覚えよう

基 本 語	尊 敬 語	謙 譲 語
言う	おっしゃる	申す 申しあげる
聞く	お聞きになる 聞かれる	うかがう 承る お聞きする
見る	ご覧になる 見られる	拝見する
食べる・飲む	召しあがる	いただく
する	なさる される	いたす
行く	いらっしゃる おいでになる 行かれる	参る うかがう おうかがいする
来る	いらっしゃる お見えになる お越しになる 来られる	参る うかがう おうかがいする
思う	お思いになる 思われる	存じる
もらう	お受け取りになる	いただく 頂戴する（ちょうだい）
持つ	お持ちになる 持たれる お持ちくださる	お持ちする
知っている	ご存知だ 知っていらっしゃる	存じている 存じあげている
与える	くださる	差しあげる
会う	お会いになる	お目にかかる

1章 面接試験に合格するためのポイント

3 質問に対する答え方

● 質問されたことに対してきちんと答えるためには，どのようなことに注意すべきか。

質問に対しては，意見と理由をセットで述べよう

答え方の基本は，「筋道立てて考えた末の答えである」ことを面接官に伝えることです。そのためには，答え方に工夫が必要です。

工夫①

質問に答えるのはもちろんですが，そう答えた理由にまで触れることです。 そうすることで，答えの正当性がアップし，面接官に与える印象も強くなります。

工夫②

答えや理由を裏付ける具体的な体験や観察，エピソードを回答に含める準備をしておくと安心です。 つまり，「こういった具体的なことがらから，この答えを導いた」と示すのです。

具体的なことがらはキミ自身が体験したことなので，回答の独自性をアピールできることはもちろんのこと，面接官にも理解してもらいやすくなります。

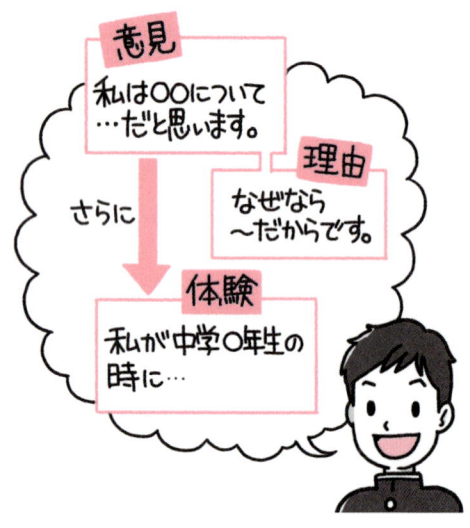

予想外の質問をされた時の対処法を覚えよう

面接試験対策として，質問されるであろう内容を考え，答えも用意しておくことが欠かせませんが，実際の面接試験では，あらかじめ考えておいた質問以外のことを尋ねられることがよくあります。そんな時はどうすればよいのでしょう。

そんな時の対処法としては，次のようなものがあります。

とりあえずはできるだけ粘って考える

すぐに「わかりません。」と投げてしまわないで，たとえば，**「いま考えますので，少し時間をいただけませんか。」などと言って考えるのです。** そうすれば，必ず何かが思い浮かぶものです。

答えられなくても前向きな姿勢を示す

しかし，どうしても考えつかなかったり，その話題自体を知らなかったりする場合もあるでしょう。そんな時は，「そのことは残念ながらわかりませんが，家に帰ったら調べてみます。」などと，前向きな姿勢を示しながら答えるようにします。たとえ答えられなくても，この「前向きな姿勢」は評価されるはずです。

知ったかぶりやウソは厳禁

あいまいな知識をもとに知ったかぶりをして答えたり，ましてウソをついて答えたりするのはよくありません。そんなことをしてもすぐに見破られて，最悪の結果にしかなりません。

「圧迫面接」の対処法も覚えよう

わざとキミの心をかき乱すような質問や反論を面接官が投げかけてくる場合がないとは言えません。これを圧迫面接と言うのですが，こういう時には決して感情的になってはいけません。まずは，こういう面接があることを知ったうえで，怒りや反抗の気持ちを抑える努力をしましょう。そして，そのような挑発には乗らずに，自分の思うところを冷静に答えられれば申し分ありません。

◎意見と，そう考えた理由をセットで答えるようにする。
◎予想外の質問をされたら，できるだけ粘って考える。

レベルアップ　ワンランク上の答えを目指して準備しておこう

ほかの受験生に差をつけるには，「ほかの受験生よりも私は優れている」ということをアピールできるだけの回答でなければなりません。そのために大切なことは，与えられた質問に対して，「自分自身で深く考え」「前向きで」「よい改善策を示し」「理由がはっきりしている」回答を示すことです。ただ，これを面接の場でいきなり考えるのは難しいので，あらかじめ回答を用意しておかなければなりません。その時の大きな手助けになるのが，このあとの2章「よくされる質問の模範回答例・NG回答例」（39ページ〜）です。十分参考にして，キミ自身の回答を用意しておくのに役立ててください。

4 困った時の対応

● 受け答えに困った時は，どのように対処すべきか。

答えを言い間違えても慌てないようにしよう

　面接本番では，緊張しますので，答えを言い間違えてしまうこともあります。そんな時は，**落ち着いて「申し訳ありません。間違えました。」と言って，もう一度答えを言い直せば大丈夫です**。慌てないようにすることが大切で，舌を出したり，「やばい！」などと言ったりしないようにしましょう。

質問がわからない時は聞き返そう

　質問の意味がわからなかった時は，**恥ずかしがらずに「○○とは，どういう意味ですか？」とか「○○とは，～という意味ですか？」などと尋ねてみましょう**。わからないまま，いい加減な答えを言ってはいけません。

　また，質問が聞き取れなかった時も，**素直に「申し訳ありません。質問が聞き取れなかったので，もう一度お願いします。」と面接官に伝えましょう**。「え？」とか「はあ？」とか言うのは失礼にあたりますので，してはいけません。

◎答えを言い間違えても，慌てずに謝ってから言い直す。
◎質問がわからなかったら，恥ずかしがらずに尋ねる。

集団面接で同じ答えになったら

　集団面接の時の最も大きな不安は，やはり「ほかの受験生が私と同じことを答えてしまったらどうしよう」ということでしょう。

　でも心配いりません。そんな時は，「○○さんと同じように私も～と思います。」と，先の人と考えたことが同じだと素直に言ってよいのです。もっとも，ほかの受験生に差をつけたいと思うのなら，「○○さんと同じく～と思いますが，理由は違います。私は…」などと，違う理由を持っていることを示してみるとよいでしょう。

5 「面接シート」の書き方

● 推薦入試などで提出する面接シートは、どのように書くべきか。

「面接シート」の準備をしよう

　面接試験の前に「面接シート」「自己PRカード」などを記入しなければならないことがあります。多くは「**志望理由**」「**自己アピール**」「**将来の夢・目標**」が問われます。面接シートからの質問に備え、準備をしておきましょう。シートの内容は中学校の先生にも伝えておき、調査書の内容と矛盾が起きないようにしておくことも大切です。

シートは適切な表現で書く
・読み手にわかりやすい文章にする。
・文体（文章の終わり方）を統一する。常体（だ・である調）でも敬体（です・ます調）でもかまわない。
・字は丁寧に書き、誤字や脱字をしない。
・正しい日本語で表現する。

面接で突っ込まれることを想定して書こう

　面接試験は面接シートを見ながら進みますので、まずは突っ込まれないような内容にすることが最も大切です。
　あいまいな表現を使ってごまかそうとすると、「〇〇とはどういうことですか？」などと突っ込まれる恐れがあります。あらかじめ具体的な説明をしておいたり、**質問された時に答えられるように準備をしたりすることが肝心です**。

面接官に突っ込まれないようにする
・あいまいな言葉を具体的に説明できるように、回答の具体例を準備しておく。
・自分が書いた内容について「なぜそう言えるのか」と深く考える。

志望理由の書き方に注意しよう

　志望理由を書く時によく見るのが「パンフレット丸写し」の回答です。そうではなく、自分自身の夢や目標に絡めながら、志望校入学が必要であることを説明します。
　① **キミの将来の夢・目標は何か。**
　② **そのために志望先で何が学べるか。**
　③ **志望先で学んだことをどういかしたいか。**
　これらを、筋道立てて述べるようにしましょう。この時に欠かせないのが、志望先を理解することです。

志望理由で書く内容
・授業の内容やカリキュラム、進路指導といった高校での「学び」を中心に述べる。
・部活動での実績をもとに進学する人は、やりたい部活動があることを伝えてもよい。
・学校のカリキュラムや行事、部活動などについては、学校説明会などで情報を集め、できるかぎり具体的に述べる。

志望理由の記入例

　私は英語にかかわる仕事に就きたい[①]のですが、こちらの高校が、海外語学研修をはじめとして、英語教育に特に力を入れているという点にとてもひかれました[②]。また、大学受験のための勉強にも力を入れている一方で、部活動が盛んであることも魅力的です。「知的で洗練された女性エリートの育成を図る」という教育理念のもと、世界で活躍できる人になりたいと考えています[③]。

自己アピールの書き方を知ろう

自分の長所をアピールする時は，多くは中学校生活と関連させて述べるように求めてきます。実際に体験したことからどういう長所を得たのか，という視点でまとめるとよいですね。

① 中学校での体験でどういう工夫や努力を重ねたか。
② その結果，どう成長し，長所を得たのか。
③ 将来はその長所をどういかしたいか。

自己アピールで書く内容
・部活動の実績
・生徒会や委員会でがんばったこと
・得意な教科があること
・ボランティア活動や地域の行事に参加したこと

自己アピールの記入例

　生徒会で書記をしていました。会議の内容を記録する時に，いかにわかりやすく整理するかを考えてきました①。この経験で多くの人に内容を伝えることが大切であることを学びました②。また，アーチェリー部で副部長をしていました。アーチェリーは集中力が必要なスポーツです。私はこれからもこのスポーツで鍛えた集中力を日頃の勉強にいかしていきたいです③。

将来の夢・目標を立てよう

将来の進路について，考えを問う質問です。できれば，どういう職業に就きたいか，どういう目標を持っているのかをはっきり示したいところです。そのうえで，その実現のために志望先で挑戦したいことを述べましょう。

① 将来就きたい仕事，実現したい夢。
② 実現するためにどういう挑戦をしたいのか。
③ 将来どういう人に成長したいのか。

具体的に職業が決まっていない場合
・「○○にかかわる仕事」「体を動かす仕事」「人とかかわる仕事」など，どういう方向の進路を目指しているのかを書く。

将来の夢・目標の記入例

　将来は国際貿易の仕事など，英語をいかした仕事に就きたい①です。その実現のためにこちらの学校の授業で学んだことをいかしつつ，英語の検定試験を受けたいと考えています②。今は英検3級を取得していますが，さらに上の級やTOEICに挑戦したいです。そして，大学へ進学し，語学だけでなく，ビジネスについての勉強をし，国際的に活躍できる人になりたい③です。

ポイント！

◎志望理由は，自分自身の夢や目標に絡ませて説明する。
◎自己アピールは，実際の体験からどういう長所を得たかという視点でまとめる。
◎将来の進路は，どういう目標を持っているかはっきり示す。

2章
よくされる質問の模範回答例・NG回答例

この章では，実際の面接でよく聞かれる質問と，
それに対する模範回答例・NG回答例を載せてあります。
答え方のコツも解説していますので，どんなことに気をつけて回答するのかがわかります。
それぞれの回答例を参考にしながら，キミ自身の答えをまとめてみましょう。
できた答えを，巻末の「予想質問＆回答カード」に書いておけば，本番前のチェックも可能です。

Good
自分の考えで将来を語った

合格を決める！

NG
こう言えばよかった

テーマ1 志望理由に関する質問

● なぜ，その学校あるいは学科を選んだのか，入学意欲が問われる。

質問1 なぜ本校を志望したのですか。

答え方

　面接試験の質問で最も多いのは，志望理由に関するものです。面接官に納得してもらえるような答えを用意しておかなければなりません。
　志望理由を考える時にポイントとなることは，次の2点です。
　① <u>キミの将来の進路</u>と結びつけて答える。
　② <u>志望校の特徴や魅力</u>と結びつけて答える。

Good 模範回答例

私は将来，英語を使う仕事をしたいと考えています。こちらの高校では海外語学研修をはじめとして，英語教育に特に力を入れていらっしゃるということを知りましたので，志望しました。

> 面接官の印象や評価
> 将来の目標をいまの時期から決めたうえで，高校を選んでいる。すばらしい生徒だ。

Good 模範回答例

こちらの高校の文化祭を見学した時，先輩たち1人ひとりが，自分たちで文化祭を成功させようとがんばっていらっしゃるところを見ました。そういった姿にこの学校のよさを感じたからです。

> 文化祭を見学するなどして，本校のことをよく研究してくれているな。

Bad NG回答例

担任の先生が，こちらの高校なら私に合っているとすすめてくれましたので，そうしました。

> 自分で選んだわけじゃないのか。進路選択を他人に任せるなんて…。

💡 **カンザキ先生のアドバイス**

　この質問は，キミ自身に本当にその高校に入学したいという強い意志があるかどうかを確かめるためのものです。そのため，「自分はこの高校に入りたいんだ」という気持ちをアピールすることが何よりも大切で，キミの意志や意欲が感じられない内容ではダメです。志望校の方針や校風などに自分が共感していることを示したり，進学したらどのような高校生活を送りたいかを伝えたりして，キミ自身がよく考えて決めた点を強調しましょう。

質問2　なぜこの学科(コース)を選んだのですか。

Good 模範回答例
私は将来，ロボットを作る研究をしたいという夢を持っています。こちらの学科で勉強すれば，その夢に少しでも近づけると思ったからです。

面接官の印象や評価：自分の将来の目標を実現するために本学科を選んでくれている。しっかりと考えて判断している点が評価できるな。

Bad NG回答例
英語が話せればかっこいいし，就職する時にも有利になるんじゃないかと思ったからです。

面接官の印象や評価：英語を勉強するのはかっこよさのためと考えているのか。抵抗を感じるな。

カンザキ先生のアドバイス

この質問は，高校に入学したあとの進みたい道ややりたいことが考えられているかどうかを見るためのものです。いまキミは，**将来どういう進路に進もうと考えていますか**。それがないと，この質問には答えられません。まだ考えていない人は，この機会によく考えて，**希望する学科(コース)と自分の将来像がうまくつながるような答えを準備しておいてください**。

質問3　本校のどのような点がよいと思いましたか。

Good 模範回答例
こちらの高校には全校生徒が参加する行事が多く，生徒全員で学校を盛り上げようとしている姿勢がうかがえます。行事などを通してより充実した高校生活が送れるでしょうから，すばらしいことだと思います。

面接官の印象や評価：学校行事が盛んな我が校のよさを理解してくれている。入学したら，きっと充実感を得てくれるに違いない。

Bad NG回答例
校舎が新しく，しかも全体に広々としていてすばらしいと思いました。ぜひこんなところで勉強してみたいです。

面接官の印象や評価：見た目で選んだのか。カリキュラムや学校行事など，もっと中身を見て決めてほしいな。

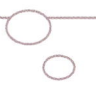

カンザキ先生のアドバイス

この質問も，志望校の指導方針や特徴をしっかり理解したうえで，入学を希望しているかどうか知るためのものです。見かけや他人のうわさ話などではなく，**自分自身で志望校の特徴をきちんと理解したうえで，それが自分にとって魅力的であることを伝えましょう**。校舎の美しさや制服のかわいさなど，見た目の印象だけで答えるのは問題外と言えます。

キミの答えを巻末「予想質問&回答カード」に書いてみましょう！

テーマ2 他校受験に関する質問

● その高校を第一志望にしているかどうか，入学するかどうかが問われる。

質問1 本校のほかに，受験した高校はありますか。

答え方

併願しているかどうかを尋ねられる場合があります。本気で志望校に入学したいという思いを伝えましょう。

併願校を尋ねられた時のポイントは，次の2点です。
① 専願の場合は，<u>自信を持って「第一志望」と答える。</u>
② 併願の場合も，<u>「入学したい」と前向きに答える。</u>

Good 模範回答例
いいえ，ありません。こちらの高校が第一志望です。学校説明会の際，研究者やエンジニアを目指す高校生を育てる教育をしているということをうかがい，共感したからです。

面接官の印象や評価：本校のことを理解したうえで，第一志望としている。しっかりと理由を述べているところに好感が持てるな。

Good 模範回答例
はい。しかし，併願先も受かった場合はこちらの高校に入学したいです。英語に関する授業が数多くあり，国際的な舞台で活躍したいと考える私にとってとても魅力的だからです。

英語教育に力を入れている本校のことを理解している。しかも，本校の学びと自分の将来を結びつけて考えているな。

Bad NG回答例
はい。併願しています。しかし，第一志望が○○高校なので，併願先が受かった時はそちらへ入学しようと考えています。

本校が第一志望ではないのなら，この受験生を合格させなくてもよいのでは。

💡 カンザキ先生のアドバイス

どんな場合であっても，<u>志望校が第一志望であると答えましょう。</u>その際，模範回答例のように志望先の特徴を含めながら回答すると，好印象が得られます。また，併願している場合，素直にその旨を伝えることは悪くありませんが，志望校として選んだ以上，「志望先はすべて第一志望である」という思いを持って受験してほしいところです。NG回答例のように，<u>志望先を見下すような回答をしてはいけません。</u>

質問2　本校は第一志望ですか。

Good 模範回答例

はい。もちろん第一志望です。こちらの高校の吹奏楽部に入部し，全国大会を目指せるように努力していきたいです。

面接官の印象や評価：はっきり第一志望であると答えている。入学後も部活動で活躍してくれそうだ。

Bad NG回答例

……第一志望です。

面接官の印象や評価：即答しないということは，本校は第一志望ではないのかな。もう少し質問すると，本音が出てくるかもしれない。

💡 カンザキ先生のアドバイス

NG回答例のように，**答える時に間が空いてしまったり，考えてしまったりすると，第一志望であるという気持ちが面接官に伝わらず，疑問を抱かれてしまいます。**入学したらキミの母校になるわけですから，たとえ第一志望校ではなくとも受験先を好きになってほしいものです。「志望校はすべて第一志望」という気持ちで答えましょう。

質問3　本校が不合格になったら，あなたはどうしますか。

Good 模範回答例

精いっぱい勉強をして受験に臨みましたが，もし不合格だった場合にはその結果を受け入れます。第一志望であっただけに，そういう結果になってしまうなら残念です。

面接官の印象や評価：本校が第一志望で，精いっぱい勉強をしたようだから，試験の結果を見てみよう。

Bad NG回答例

〇〇高校に合格しているので，大丈夫です。

面接官の印象や評価：本校へ志望する熱意がないのか。ずいぶんと受験をドライにとらえている受験生だな。

💡 カンザキ先生のアドバイス

意地悪な質問ですね。この質問は不合格になった時の進路を尋ねるだけでなく，志望先へ進学したいという熱意があるかどうかまでも問われていると考えたほうがよいでしょう。ここでは**第一志望であることを言い，志望先で学びたいという思いをしっかりと伝えましょう**。NG回答例のように，志望先へのこだわりを感じない回答はスマートな反面，キミの熱意が伝わりません。

▶ キミの答えを巻末「予想質問＆回答カード」に書いてみましょう！

43

2章　よくされる質問の模範回答例・NG回答例

テーマ3 校則に関する質問

● 決められた校則を守ろうとする意識があるのかどうかを問われる。

質問1 校則の役割とは何でしょうか。

答え方

中学校と同じように、高校にも校則があります。質問を通して、そもそも校則は何のためにあるのかをきちんと考えているか試そうとしています。

質問を答える時のポイントは、次の2点です。

① 校則は「集団生活を送るために必要な最低限の決まり」であることを意識する。
② 「校則を守ることは当たり前だ」という方向で答える。

Good 模範回答例

校則は学校で多くの人々とともに生活していくために必要な決まりごとですから、人々が気持ちよく学校生活が送れるようにするという役割を持っていると考えています。

面接官の印象や評価：校則の役割をよく理解しているし、問題なく集団生活を送れそうな生徒だ。

Good 模範回答例

学校は私たちの成長の場です。社会に出た時に決まりを守ることは、社会人としては当たり前のことです。校則には、そうした意識を学校で育てるという役割があると思います。

面接官の印象や評価：学校の役割を踏まえて、校則の意義を考えている、優れた生徒だ。

Bad NG回答例

校則は決まりごとだから守ります。役割など考えたことはありません。

面接官の印象や評価：役割を考えようともしないのか。受け身の姿勢がしみついているな…。

💡 カンザキ先生のアドバイス

校則とは、学校に所属している人が守るべきルールです。この質問では、**校則を守れる生徒かどうかを確認するだけでなく、ルールが持つ役割を理解しているかどうかも見ています**。「校則があるから守るべき」という理由しか挙げられない生徒は、校則が持つ教育的な意味（＝社会で人々がともに生活するためにはルールを守る必要があることを、学校生活の中で学ぶこと）を理解していないとみなされ、評価はされにくいでしょう。

質問2　本校の校則は厳しいですが，守れますか。

Good 模範回答例
はい。もちろんです。高校は多くの人々といっしょに生活する場ですから，お互いに気持ちよく過ごすためには，ルールを守ることは大切だと思います。

面接官の印象や評価：校則を守ることは共同生活を送るうえで大切だということをきちんと理解しているな。

Bad NG回答例
守れるかどうかはわかりませんが，守れるようにがんばります。

面接官の印象や評価：校則を守ると断言できてないから，入学後校則を破るかもしれない。信頼できないな。

カンザキ先生のアドバイス
この質問で，入学後に問題のある行動を起こすような人かどうかを見ようとしています。「守れるかどうかはわからない」といったあいまいな回答ではなく，「必ず守ります」と断言しましょう。
また，校則の内容は出願前に把握しているはずなので，それを理解して志望しているのかということも尋ねています。学校説明会で，高校の先生や先輩に校則について尋ねておくとよいでしょう。

質問3　集団生活を営むうえで大切なことは何だと思いますか。

Good 模範回答例
お互いを理解し，どうすればお互いが気持ちよく暮らせるかを考えることだと思います。「自分だけよければよい」という気持ちがあると，誰かが我慢しなければならないからです。

面接官の印象や評価：集団生活を送るうえで大切な他者への理解・配慮ができるようだ。こうしたことを素直に表現できる人は信頼できる。

Bad NG回答例
自分の考えをしっかりと言うことです。集団にいると自分の意見が通らないことが多いので，はっきり言わないと自分の意見が消えてしまうからです。

面接官の印象や評価：自分の意見を言うことはよいが，他者の話を聞こうという意識が見られないな。

カンザキ先生のアドバイス
高校でも，中学校と同じように集団生活をしていきます。その時にどういうことを大切にしているのかを尋ねる質問です。自分だけでなく集団にいる他の人にも配慮すべきだ，という回答が望ましいでしょう。NG回答例のように，自己中心的な立場からの答えばかり述べることはよくありません。他者とともに生きているということを理解したうえで，キミが集団内でどう振る舞うべきかを考えてみましょう。

キミの答えを巻末「予想質問&回答カード」に書いてみましょう！

テーマ 4　高校生活に関する質問

● 高校入学後の興味あることや関心事，進学に対する意識が問われる。

質問 1　本校に入学して，勉強以外にやりたいことはありますか。

答え方

勉強以外にやりたいことについて，「どのようなこと」を「どのようにやりたいか」を具体的に言えるようにしておきましょう。たとえば，

① 部活動や委員会活動といった<u>学校内での取り組み</u>
② さまざまな<u>ボランティア活動</u>や独自の研究などの<u>課外活動</u>

などです。あまり実現性のうすい夢物語のような内容は感心しません。

面接官の印象や評価

Good 模範回答例
中学校ではテニス部に所属していましたので，高校に入ってもテニスを続けて，インターハイ出場を目指してがんばりたいと思います。

> インターハイ出場という具体的な目標を持って，部活動の継続を考えている。いいね。

Good 模範回答例
こちらの高校は，いろいろなボランティア活動にとても盛んに取り組まれていると聞いています。入学できたら私にもできるものを見つけて，ぜひ参加してみたいと思っています。

> 本校の特徴をよく調べているようだ。それに，自分も参加したいという熱意を持っていることは，うれしいね。

Bad NG回答例
とにかくいろいろなことに挑戦したいと思っています。

> いろいろなことって？　漠然としすぎてわからないな。これじゃ答えになってないよ。

💡 **カンザキ先生のアドバイス**

高校に入り，勉学することとともに，それ以外のことにも興味や関心を持って参加することで広い視野が養われます。その観点から，キミがどんなことに興味や関心を持っているのかを知るための質問です。<u>なぜ，そういったことをしたいのかの理由を明らかにして，やりたいことをできるだけ具体的に伝えましょう</u>。「特にない」「わからない」などの答えは意欲のなさを疑われますし，「勉強以外はしない」という答えは学校行事などをおこなううえで集団行動を乱しかねないと思われるので，気をつけましょう。

質問 2　入学後の学習面で、特にこうしたいと思っていることがありますか。

Good 模範回答例
私は将来、医師になることを目指していますので、理系の科目に特に力を入れて勉強したいと思っています。

面接官の印象や評価：将来の目標もハッキリしているし、それを見据えてしっかり勉強してくれるに違いない。

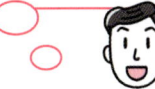

Bad NG回答例
毎日、塾に通ってがんばりたいです。

面接官の印象や評価：塾もいいけど、肝心の高校ではどのようにしたいのか、何も考えていないのだろうか。

💡 カンザキ先生のアドバイス

　この質問は、受験生の進学に際しての意識や目標を確かめるためのものです。言うまでもなく、高校へ進学する一番の目的は教育を受けることです。そしてその目的達成のためには、**人任せではなく、自分から積極的に学習しようとする意欲を持ち続けることが何よりも重要なのです。** この質問では、そのことが試されていますので、**学ぶことへの意欲を積極的にアピールするようにしましょう。**

質問 3　本校では資格が取れますが、興味はありますか。

Good 模範回答例
あります。国際化が進み、英語がより必要になりますので、英語の勉強に力を入れるため、2年生までに英検2級を取得したいと思っています。

面接官の印象や評価：自分なりにこれから何が必要かを考え、英検2級取得という具体的な目標まで持っている。やる気が感じられるな。

Bad NG回答例
どんな資格が取れるのかよくわからないので、入学してから考えます。

面接官の印象や評価：高校でどんなことをしたいのか、事前に何も調べていないのか。

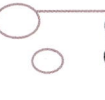

💡 カンザキ先生のアドバイス

　この質問も、高校生活に対する意識や目標を確かめるためのものです。**志望校でどんな資格が取れるのかをきちんと調べておきましょう。それと自分の将来の夢とを結びつけて積極的に資格を取ろうとする意欲を見せることが必要です。**

キミの答えを巻末「予想質問&回答カード」に書いてみましょう！

47

質問4　本校までの通学方法を教えてください。

Good 模範回答例
自宅から最寄りの〇〇駅までバスで行き、そこから××線に乗って△△駅で降ります。そこから学校までは徒歩です。自宅から学校までおよそ1時間くらいで来られます。

面接官の印象や評価：過不足なく説明できていて、よくわかった。

Bad NG回答例
いろいろな方法が考えられるので、わかりません。

面接官の印象や評価：いろいろある中のどれか1つでも説明できないのだろうか。説明能力がないのでは？

カンザキ先生のアドバイス

合格後の通学経路を確認するための質問なのですが、それだけでなく、複雑な内容をわかりやすく順序立てて説明できるか、その力を見るための質問でもあるのです。**前もって通学経路と時間を調べておき、話が前後しないように注意しながら、自宅から学校までの順序を説明しましょう。**あせると、「えーっと」「えーっと」とつまってうまく説明できなくなる可能性がありますよ。

質問5　だいぶ遠いようですが、3年間通えますか。

Good 模範回答例
確かに遠いですが、通学の時間を有効に利用する方法はあると思いますので、むだにはなりません。それだけ時間をかけても通いたい高校なので、3年間がんばれる自信はあります。

面接官の印象や評価：本気で我が校に入りたいのだな。通学時間を有効に利用して、がんばってくれるだろう。

Bad NG回答例
遠くの学校に通っている人も知っているので、自分も通えると思います。

面接官の印象や評価：人がそうだから、という理由だけで大丈夫だろうか。

カンザキ先生のアドバイス

遠距離通学の場合は、**3年間通い続ける強い気持ちがあることをアピールしましょう。**ただ「がんばります」と言うだけでなく、続けることができる理由をいっしょに言うことも大切です。

テーマ5 合格後に関する質問

● 高校入試が終わってから、入学までに何をしたいかが問われる。

質問1　受験が終わったら、何をしたいですか。

答え方

この質問では、キミの本当の姿が透けてしまいます。夢や目標に向かってがんばろうとする姿をアピールしたいですね。

合格後の生活に関する質問に答える時のポイントは、次の2点です。

① 夢や目標をかなえるための活動をしたいと答える。
② 「遊ぶ」「何もしない」といった回答はしない。

○ 模範回答例（Good）

合格後は、高校での授業に遅れないように中学校の勉強の総復習をしたいと思います。また、アナウンサーになることが夢ですので、中学校までに学んだ教養をしっかりと身につけておきたいです。

> 面接官の印象や評価
> 合格後も勉強をしようと考える、意識の高い受験生だ。将来の夢も明確だし、しっかりと勉強を続けてほしいものだ。

○ 模範回答例（Good）

部活動でさらに活躍できるよう、後輩たちに交じって練習をしたいです。高校に入学したら、すぐに部になじめるように、がんばります。

> 入学までの時間をむだにしないように考えている。継続して行動することの大切さを理解している受験生だ。

× NG回答例（Bad）

いままで遊んでなかったので、合格したらパーッと遊びたいです。友だちと遊園地へ行こうと約束しています。

> 入学までの短い期間を、遊びの期間だととらえている。積み重ねることの大切さがわからない受験生なのだろう。

💡 カンザキ先生のアドバイス

面接官は合格してから高校入学までの限られた期間を、どう有意義に使うかということを見ています。合格後に遊びに行ったり、自由に時間を使ったりすること自体は否定しませんが、NG回答例のように最優先であるかのように答えることは好ましくありません。中学校の勉強を振り返ったり、部活動に復帰したりするなど、継続して行動する人物であることをアピールできるとよいでしょう。

▶ キミの答えを巻末「予想質問&回答カード」に書いてみましょう！

テーマ6 将来に関する質問

● 自分の将来について，きちんとした目標を持っているかどうかを問われる。

質問1　高校を卒業してからどうしたいですか。

答え方

高校を卒業してから何をしたいかについては，必ずと言ってよいほど聞かれますから，自分の将来の進路についてきちんと考えておきましょう。
① できるだけ具体的な将来の進路を答える。
② できれば社会とのかかわりまで意識した形で答える。

また，その進路を実現するために高校でどのようなことをしたいかについて述べてみてもよいでしょう。

Good 模範回答例
まだ具体的な職業までは決めていないのですが，できれば，幼稚園の先生など，子供たちを健やかに育てることにかかわれる仕事に就きたいと思っています。

面接官の印象や評価：具体的な職業は決めていないが，進路の方向は定めているようだ。将来を前向きに考えていて，好感が持てるな。

Good 模範回答例
将来は国際的に活躍できるような職業に就けたらよいなと考えています。そのためにはどうしても英語が必要になりますから，高校だけでなく，大学にも進学して英語を勉強したいと思っています。

面接官の印象や評価：将来を見据えて高校卒業後の進路についても考えている。自分の考えをしっかりと持っているようだ。

Bad NG回答例
一応，大学に進学したいと考えているのですが，具体的にどんな分野を勉強したらいいのかわかりません。

面接官の印象や評価：何かを勉強したくて大学に行くのではないの？　それがないのなら大学に進学する必要はないよ。

カンザキ先生のアドバイス

キミが自分の将来について，きちんとした目標を持っているかどうかを見る質問です。ですから答えとしては，**将来就きたい職業や，大学・短期大学・専門学校への進学希望**などについて，ある程度具体的に説明できるようにしておきたいものです。まだ具体的に決めていない場合は，「子供とかかわる仕事」「人々の命を守る仕事」など，少なくとも**将来に描いている進路の方向は明らかにし，それに対するキミの意欲をアピールすることが大切**です。「決めていません」「わかりません」などという回答はよくありません。

質問2　あなたの将来の夢は何ですか。

Good 模範回答例
建築家になりたいです。お年寄りが暮らしやすい家や，いろいろな工夫をこらした機能的な家を設計したいと思っています。いまは，それにはどんな勉強が必要かを調べています。

面接官の印象や評価：将来の夢がしっかり決まっているうえに，やりたいこともかなり具体的に描いている。ぜひ実現させてやりたいな。

Bad NG回答例
弁護士です。（ただ職業を述べるだけ）

面接官の印象や評価：弁護士がどんなことをする職業かをきちんと理解して言っているのかな？

カンザキ先生のアドバイス

自分の就きたい職業や憧れの職業を示して，その理由も述べます。そのためには高校でどんなことをしようと思っているのかまで言えれば，なおよいでしょう。理由については，「かっこいいから」「おもしろそうだから」などという表面的なものは避けるようにします。将来の夢がまだ決まっていない人は，高校生活でさまざまな体験をしながら考え，その中から探すつもりであると答えるのも1つの方法です。

質問3　あなたの夢を実現するために，本校でできることはありますか。

Good 模範回答例
福祉関係の仕事に就くことを希望しています。こちらの高校に入学できたら，社会福祉の基礎や手話などの選択科目を取って勉強し，具体的な進路を決めるつもりです。

面接官の印象や評価：将来の夢と，そのために我が校でどのような知識を得たいかを考えていて，すばらしい生徒だな。

Bad NG回答例
まだ具体的な進路を決めていないので，何とも言えません。

面接官の印象や評価：たとえ決めていなくても，我が校を目指した理由があるでしょう？　それもないの？

カンザキ先生のアドバイス

高校の特色を理解しているかどうかを見る質問です。**この高校だからこそできることを尋ねている点がポイントです。カリキュラムや学校行事などの特色をあらかじめ調べ，それらの特色を盛り込んだ回答をするように心がけましょう。**どこの高校に行ってもできることを答えても評価は高くありません。

キミの答えを巻末「予想質問&回答カード」に書いてみましょう！

テーマ 7 自分自身に関する質問

● 自分自身を冷静に観察できているか，前向きにとらえることができているかを問われる。

質問1 あなた自身について，簡単に教えてください。

答え方

キミ自身の性格や長所，さらにはつねに心がけていることなどを中心にして，自己アピールをします。そのため，次の2点を忘れてはいけません。
① <u>プラス面を強調する</u>。これまでの部活動や学校行事などの中であった<u>具体例と結びつけて説明する</u>と，より説得力が増す。
② マイナス面について述べる時は<u>今後直す努力をする</u>とつけ加える。

面接官の印象や評価

Good 模範回答例
私はいつも，自分のいる位置を自分の視点からだけでなく，他人の視点からも見るように努力しています。そのおかげで中学校での部活動や委員会活動では協調性を身につけることができました。その協調性をいかして高校では友だちをたくさん作り，高校時代でしか味わえないいろいろな体験をしてみたいと思っています。

> 自分の長所を知っていて，きちんとアピールできている。きっと充実した高校生活を送れるだろう。

Good 模範回答例
私は，何にでもコツコツと取り組める性格だと思います。美術部では畳2枚分の大きな油絵に取り組み，半年がかりで完成させました。こういう経験から，地道な取り組みを続けることで困難も乗り越えられることを学びました。

> 努力家で，体験から地道に取り組むことの大切さを学んでいる。困難なことがあっても乗り越えてくれるだろう。

Bad NG回答例
友だちにがんばり屋だと言われたことがあるので，そうなのかなと思っています。

> 友だちに言われたからというけど，キミ自身の視点や判断は持っていないの？

💡 カンザキ先生のアドバイス

面接官はできるだけキミのよいところを見抜きたいと思っているので，<u>積極的に自分の長所を述べればよい</u>のです。そのため，たとえば「消極的な性格」というようなマイナス面を言う時でも，「周りの人のことを考えた行動ができる」などのように，プラス面でとらえ直すことも考えましょう。

質問2　30秒くらいで自己PRをしてください。

Good　模範回答例

私はいつも，できるだけ明るく振る舞い，周りの雰囲気を楽しいものにしようと努力しています。中学校のバスケットボール部の練習はとても厳しかったのですが，私がムードメーカーになり，部員の皆が楽しく取り組めるように積極的に励ましてきました。誰かがこういった気配りをするだけでも，全体の雰囲気が変わるものです。私は高校に入学してからも，いろいろな場面でそういった努力を続けていきたいと思っています。

> 面接官の印象や評価
> 中学校ではムードメーカーとして活躍していたのか。明るくて，雰囲気作りがうまい人だということがとてもよく伝わってくる。

Good　模範回答例

私は，挑戦することの楽しさを日々学んでいます。小学校の時から柔道を習っていますが，少しずつ新しい技を学んでいくことがとても楽しいです。学年が上がるにつれて対戦相手も強くなっていきますが，そういった相手にうまく攻撃する方法を考え，実際にやってみるのも楽しいことです。高校でも柔道部に入るつもりですが，これからも挑戦することの楽しさを味わっていきたいと思っています。

> 普通は苦しいはずの挑戦を，楽しみに変えることができると言い切れるのは，小学校から続けてきた柔道があってのことなのだな。本校に入学できたら，ぜひ続けてほしいな。

Bad　NG回答例

私は性格も明るくないですし，成績も決してよいほうではありません。また，将来何になりたいのかもまだ決めていません。しかし，高校ではがんばりたいと思います。

> ネガティブなことばかりで，印象はよくないな。自己PRなのだから，もっとプラス面を強調してほしいね。

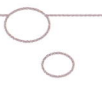

カンザキ先生のアドバイス

この質問への答えでは，**自分の性格のプラス面や，これまでの体験で学んだことなどを自分の長所ととらえて，積極的にアピールすることです**。そしてそれらを，「これからの高校生活でもいかしたいと思っている」などのように，前向きな姿勢として示すことで，なお一層面接官に好印象を与えることができます。ここでもキミの実体験を交えながら話をすると，相手によりよく伝わります。

キミの答えを巻末「予想質問&回答カード」に書いてみましょう！

質問3　いままでで一番感動したことは何ですか。

Good 模範回答例
サッカー部で，県大会で優勝したことです。毎日の練習はつらいこともありましたが，それを乗り越えてがんばった結果が最高の形となって出たことに感動しました。

面接官の印象や評価：毎日の取り組みがすばらしい結果を生んだことに感動したのがよくわかるな。

Bad NG回答例
特に感動するようなことはありませんでした。

面接官の印象や評価：中学校の3年間，何をして過ごしていたんだろう。

カンザキ先生のアドバイス
自分の身近な話題でかまいません。自分の体験以外にも，感動した本や映画について話すのもよいでしょう。ただし，どの話題でも，「感動しました。」と述べるだけではなく，どんな部分に感動したのかもきちんと答える必要があります。

質問4　将来どのような人になりたいですか。

Good 模範回答例
すぐにあきらめず，最後までやり通す人になりたいと思います。中学校の3年間所属した陸上部で，毎日練習したら，よいタイムを出せるようになり，続けることの大切さを知ったからです。

面接官の印象や評価：よく口先だけで「私は最後まであきらめない」と言う受験生がいるが，この受験生は違うようだな。

Bad NG回答例
りっぱな人になりたいと思います。

面接官の印象や評価：間違ってはいないが，漠然としていて，きちんと考えていないようだ。

カンザキ先生のアドバイス
自分の理想像を，どうしてそうなりたいのかという理由も挙げて説明しましょう。具体的な人物名を出してもよいでしょう。NG回答例のように，あいまいな答えだと，深く考えていないと思われます。また，「お金持ちになりたい。」といった答えは面接官に悪い印象を与えますから，避けましょう。

テーマ 8　尊敬する人に関する質問

● 尊敬する人がいるかいないかだけでなく，その人を尊敬する理由も問われる。

質問1　尊敬する人は誰かいますか。

答え方

物語や漫画などの中に登場する架空の人物を答えるよりも，実在する人で答えましょう。
① 歴史上の人物だけではなく，先生・友だち・先輩，あるいは自分の親など，身近な人を答えてもよい。
② なぜその人を尊敬するのか，その理由をできるだけ具体的に説明する。

Good 模範回答例
1年生の時に，部活動の副キャプテンをされていた〇〇さんです。〇〇さんは，誰も見ていないところでも真剣に練習に取り組んでいらっしゃいましたし，後片づけもいつも進んでされていました。そうしたところを尊敬しています。

（面接官の印象や評価）
身近なところに手本とする人がいて，よかったね。いいところはどんどん見習ってほしいものだね。

Good 模範回答例
私は，母をとても尊敬しています。尊敬と言うと少し大げさかもしれませんが，母はいつも笑顔を絶やさず，私たちの毎日を見守ってくれています。私も母のように明るくて，いつも笑顔を忘れない人になりたいです。

自分の母親を尊敬できるというのは，親子のどちらにとっても幸せなことだ。よい家庭が築かれているのだろうな。

Bad NG回答例
漫画の『〇〇』の主人公△△です。どのような相手にも勇気を持って立ち向かい，仲間を大切に思うところはかっこよく，尊敬しています。

漫画の主人公ねえ…。少しがっかりだなあ。

💡 カンザキ先生のアドバイス

なぜ尊敬しているのか，その理由までハッキリ答えられるようにしておかなければなりません。また，自分もそのような人になりたいと努力していることをつけ加えておくと，尊敬している程度がより強く伝わります。なお，尊敬できる人がまだ見つかっていない場合には，「高校生活の中で探して，私もそのような人になれるよう努力したいと思っています。」のような前向きな姿勢を示しておきたいものです。

キミの答えを巻末「予想質問＆回答カード」に書いてみましょう！

テーマ9　長所と短所に関する質問

● 自分のよい面・よくない面をきちんと自覚できているかを問われる。

質問1　あなたの長所は何ですか。

答え方

よくされる質問です。
① 自分の長所を前もって整理しておく。
② 長所が思いつかない時には，両親や兄弟，あるいは先生や友だちなどに尋ねてみる。

なお，答えたあとに「では，具体的なエピソードを述べてください。」とか，「その長所を今後どういかしたいですか。」などと問われることがありますので，こちらの答えも準備しておくようにします。

Good 模範回答例
私の長所は，何事に対しても積極的に取り組めるところだと思います。中学校では，いろいろな行事で必ず委員などの責任ある仕事を引き受け，積極的に活動をおこなってきました。

面接官の印象や評価：自分から「積極的」と言えるのだから，よほど自信があるのだろう。高校に入っても，その力を発揮してくれるかな。

Good 模範回答例
人と接することが苦にならないところだと思います。そのため，多くの人とすぐ友だちになってしまいます。

面接官の印象や評価：だったら，楽しい高校生活を送ることができるに違いない。そのコツは何だろう。尋ねてみたいな。

Bad NG回答例
友だちにはよく聞き上手だと言われます。あと，我慢強くて，明るい性格なところです。

面接官の印象や評価：まとまりがなくて，よさがわかりにくいな。

💡 カンザキ先生のアドバイス

自分のよいところを自覚しているか，自分をしっかりアピールできる点を持っているかを見るための質問です。どうしても答えが抽象的になりがちなので，エピソードなどを添えると面接官にイメージしてもらいやすくなります。長所がいくつかある時は，的をしぼって話します。あまりたくさんの長所だとまとまりがなくなり，かえって印象がうすくなります。

質問 2　他人から注意されて，直したいと思っているところはありますか。

Good 模範回答例

母から，集中力に欠けるところがあると言われます。特に，勉強する時にその傾向が強く出るので，まず簡単な計算問題を解いて集中力を高めてから，勉強するように心がけています。

面接官の印象や評価：集中力を高めるのは難しいことだが，自分なりの工夫で克服しようと努力しているな。

Bad NG回答例

注意されたことはあるのですが，私自身はそう思っていなかったので，直すと言ってもどうしてよいのかわかりませんでした。

面接官の印象や評価：他人は冷静に見ているものだよ。もっと謙虚になって注意を聞かなくてはいけないね。

カンザキ先生のアドバイス

これは，自分の弱い面やよくない面が自覚できていて，それを直していきたいという意識や意欲があるかどうかを見るための質問です。**短所のない人間はいませんので，「直したいところはないです。」と答えるのは不自然です。** なお，短所について話す時は，どうしても下を向いたり，照れたりしてしまいがちですが，**直す気持ちがあることを強くアピールするためにも，自信を持って答えるようにしてください。**

質問 3　家族や友だちは，あなたのことをどう見ていますか。

Good 模範回答例

よくわかっていないのですが，与えられたことを最後まで投げださずにやり抜くところがあり，けっこう我慢強い人間だと，両親や学校の先生は思っているようです。

面接官の印象や評価：ご両親も先生も同じことを思っておられるなら，本当にそうなんだろう。よいことだ。

Bad NG回答例

いろんな人がそれぞれいろんな見方をしているとは思いますが，よくわかりません。

面接官の印象や評価：もう少し分析してみたら。他人の見方も，これからの人生で役立つ時も多いよ。

カンザキ先生のアドバイス

他人の目を通して見たキミを，キミ自身がどのように，またどれほど自覚しているかを尋ねる質問です。**もし悪いところを自覚しているのなら，それをどのように直そうとしているかについても質問されることがあるので，答えを準備しておきましょう。また，この質問で，他人とどのような関係を持ってきたかが見えるので，キミが入学後にどのような人間関係を築き上げるのかを推測する手がかりにもなります。**

キミの答えを巻末「予想質問&回答カード」に書いてみましょう！

テーマ 10 特技や趣味に関する質問

● どんなことに関心があるのか，打ち込んでいるものがあるのかなどを問われる。

質問 1 あなたの特技は何ですか。

答え方

たとえば，特技として単に「料理が得意です。」と述べるだけでは，上手なアピールのしかたとは言えません。次の2点に気をつけると，効果的です。
① 特技を通して，行動力があることや熱心に努力したことを強調する。
② これからも続けて，特技を一層磨いていきたいという意欲を述べる。

面接官の印象や評価

Good 模範回答例
特技は書道です。小さい時は習字がそれほど好きではなかったのですが，母の勧めで習いに行き始めてから，どんどん好きになっていきました。おかげで，これまでに何回か大きなコンクールにも入選しています。

> どんどん好きになっていったということから，それだけ努力したことがうかがえるな。

Good 模範回答例
スノーボードが特技です。始めて3年くらいになりますが，難度の高い技もかなり多くできるようになりました。いつか競技会にもチャレンジし，入賞したいと思っています。

> スキーとは違う難しさがあるんだろうな。競技会入賞を目指して，がんばってほしいね。

Bad NG回答例
どこででもすぐに寝られることです。皆も感心してくれています。

> 迷わず答えてくれたけど，これも特技になるのかな？

💡 **カンザキ先生のアドバイス**

キミの特技を尋ねることで，キミ自身がどういう面に秀でているかを自覚しているかどうかを見ようとしています。また，その内容を通してキミの性格や生活の様子を探る目的もあります。どこから(何から)が特技と言えるかについて，きちんとした決まりはありませんが，テレビのバラエティ番組などで受けるような一発芸的なものは避けるほうがよいでしょう。

質問2　あなたの趣味は何ですか。

Good 模範回答例
私の趣味は，料理をすることです。母の料理の手伝いを毎日のようにしているうちに，上手になりました。これからももっと料理の腕を磨いていきたいです。

面接官の印象や評価
> 母親の手伝いを毎日のようにしているとは感心だ。

Bad NG回答例
読書です。

> 本当に好きなのか，わからないな。

カンザキ先生のアドバイス

質問1に関連した質問として，「趣味は何ですか。」というのがあります。こちらも自分の個性を印象づけられるものを答えます。そして，**なぜ好きなのか，自分の思いを伝えましょう。具体的なエピソードに触れてもかまいません。**

質問3　自慢できることが何かありますか。

Good 模範回答例
私は中学校で陸上部に所属し，毎日の練習を欠かさずおこなってきました。その結果，県大会でもよい成績を取れるようになりました。足が速いことを自慢してもよいかなと思います。

面接官の印象や評価
> キミの努力のたまものだもの，りっぱに自慢できるよ。

Bad NG回答例
背が高いことです。小学校に入学してからいままで，背の順がいつも後ろのほうでした。

> 背が高いというだけでは自慢にはならないのじゃないかな。

カンザキ先生のアドバイス

基本的には「特技」に関する質問と同じです。外見上のことや隠し芸的なことがらは，入試面接での答えとしてはふさわしくありません。また，「自慢するものがない」と回答をあきらめるのもよくありません。**小さなことでもよいので，答えを用意しておきましょう。**答えを用意しておかず，その場でも思いつかなかった場合は，しかたがないので「思いつきません。」と答えたうえで，「もう少し自分自身を見つめてみたいと思います。」などと前向きな姿勢を見せておくとよいでしょう。

キミの答えを巻末「予想質問&回答カード」に書いてみましょう！

テーマ11 好きな言葉に関する質問

● 自分の生きるうえで参考にしたい言葉から、自身の価値観や考えが問われる。

質問1 座右の銘にしている言葉がありますか。

答え方

「座右の銘」とは、いつもそばに書き記しておいて、自分の生き方の参考にしたい言葉のことです。多くはことわざ・四字熟語・格言などです。
① キミに座右の銘があれば、それを言う。
② その座右の銘を自分の毎日の生活の中でどのようにいかしているのかについても触れると、効果的である。

面接官の印象や評価

Good 模範回答例
「温故知新」という言葉です。昔のできごとや人の生き方の中にも、これからの時代を生きていく時のヒントになることが隠されているという考え方は、なるほどと思いました。

→ 言葉の意味も正しく理解しているようだ。自分の生活にはどういかしているのかな？

Good 模範回答例
「少年よ、大志を抱け」です。クラーク博士のことが書かれている本を読んで、この言葉のことを知りました。これからの生活の中では、私も大きな志を持って前に進みたいと思います。

→ これからの人生で、この言葉をぜひ実現させてほしいね。がんばれ！

Bad NG回答例
特にないのですが、「ドーンといってみよう」なんか、勇気づけられそうでいいですね。

→ おもしろそうだけれど、「座右の銘です」と言われると、かなり抵抗を感じてしまうな。

💡 **カンザキ先生のアドバイス**

座右の銘が何のことかわからなかった人には、答えようがなかったと思いますが、この程度のことは知っておくべきでしょう。座右の銘とは、いわば人生の指針となるような意味のある言葉で、単に好きな言葉とは違います。まして、ギャグや流行語は座右の銘としてふさわしくありません。それに値するものを持っていない人は、この機会に探したり、決めたりするのもよいかもしれませんね。その時はぜひ、その言葉の成り立ちや由来もいっしょに知っておきましょう。座右の銘とともにそのことが聞かれることもありますから。

質問2　あなたの好きな言葉は何ですか。

Good 模範回答例

「千里の道も一歩から」という言葉が好きです。何事も小さなことからコツコツと積み重ねていけば、いつか大きな目標を達成することができる、その通りだと思います。私は数学が苦手ですが、この言葉を信じてコツコツとがんばるつもりです。

> 自分の好きな言葉を信じて、苦手を克服しようとしている姿勢はりっぱだと思うね。がんばれ、がんばれ。

Bad NG回答例

僕の好きな言葉は「誠実」です。なんとなくかっこいいと思うからです。

> なんとなくかっこいいからか。ちょっと安易過ぎじゃないかな。

💡 カンザキ先生のアドバイス

好きな言葉の場合、**身近な人が言った言葉でもよく、必ずしも有名な格言などでなくてもかまいません。なぜキミがその言葉を好きなのか、納得できる理由を用意しておきましょう。**同時に、その言葉に関連するような体験などがあればそれについても述べ、その言葉に共感したことを示すとなおよいでしょう。

質問3　あなたが大切にしている言葉は何ですか。

Good 模範回答例

母がよく口にする「夜明けの来ない朝はない」です。うまくいかないことや悲しいことを経験することはあるけれど、いつかはよいことがあると信じることが大切だと学びました。

> その通りだね。お母さんの言葉を信じて、がんばってほしいな。

Bad NG回答例

アニメで出てきた「〇〇」という言葉です。このアニメがとても好きで、そのセリフを言ったキャラクターがかっこいいからです。

> えっ…キミのことを知る質問として投げかけたのに…アニメが好きということを知りたかったわけではないよ。

💡 カンザキ先生のアドバイス

大切にしている言葉を持っていなければ、**キミが生きていくうえでどういうことを大切にしているかを思い起こして、それにふさわしい言葉を探してみましょう。**また、**大切にしている理由も答える必要があります。**NG回答例では、理由を正しく答えられていないので、評価は低くせざるを得ません。

キミの答えを巻末「予想質問&回答カード」に書いてみましょう！

テーマ 12　友人関係に関する質問

● 交友関係の築き方のうまさを問われる。

質問1　あなたには親友と呼べる友だちがいますか。

答え方

次のような順序で答えていきましょう。
① まずは、親友と呼べる友だちがいるのかどうかを答える。
② なぜその友だちを親友ととらえているのかの理由をできるだけ具体的に説明する。

②では、たとえば、キミと親友はどのようなところで共感し合えているのか、などについて述べるとわかりやすくなります。

Good 模範回答例
1人います。その人とは小学校5年生から中学校2年生まで同じクラスで、お互いに何でも話し、ともに高め合える友だちです。

面接官の印象や評価：何でも話し合える友だちがいるということは、よいことだね。お互いのどういうところにひかれたのかな？

Good 模範回答例
はい、1人います。その人は、中学校2年生の春休みに引っ越してしまいましたが、その後も手紙やメールのやりとりをしていて、困ったことなどを相談し合っています。

面接官の印象や評価：引っ越してしまって、少し残念だね。また近くでも、よい友だちを見つけてください。

Bad NG回答例
仲がよい人はたくさんいますが、親友と呼べるかどうかはわかりません。

面接官の印象や評価：仲のよい友だちに対して、キミ自身は心を許すことがなかったのかな。

カンザキ先生のアドバイス

どういった友人関係を作っているのか、あるいは、どういったことを基準として親友を選んでいるのかを知ることで、キミの交友関係の築き方やその上手・下手をうかがうことができます。やはり親友はいたほうがよいので、親友がいない場合は、高校で出会う友だちの中から親友と呼べる友だちをぜひ作りたいと、前向きな答え方をするようにします。

質問2 あなたにとって，気の合う人と気の合わない人の違いはどのようなことですか。

Good 模範回答例
私にとって気の合う人は，正しいと思うことや嫌だなと思うことが私に似ている人です。それらが大きく違ったり，自分のことばかり主張したりする人とは，気が合わないと思います。

面接官の印象や評価：なるほど。いわゆる価値観が同じかどうかということだね。よくわかる答えです。

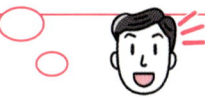

Bad NG回答例
私の好きな人は気の合う人で，私の嫌いな人は気の合わない人です。

面接官の印象や評価：わかりやすいけれど，交友関係が広がらないのでは，と心配してしまうね。

カンザキ先生のアドバイス

キミたち1人ひとりは生まれ育った環境がそれぞれ違うので，気の合う人や合わない人がいるのは面接官ももちろん承知しています。そのことは承知のうえで，この質問はキミの友だちとのつきあい方が適切かどうかを見るものですから，「何となく好き」「直感的に嫌い」といった感情だけを答えとするのは，あまり好ましいことではありません。

質問3 友だちとけんかをしたことはありますか。

Good 模範回答例
あります。中学校2年生の時，私の言ったことが悪口として伝わって友だちとけんかになりました。次の日，勇気を出して話し合い，誤解を解いたら，仲直りができました。

面接官の印象や評価：けんかをしてもそのままにしないで解決しようとしている。りっぱだな。

Bad NG回答例
あります。友だちが，私が貸したものをなくしてしまったので，けんかをして，それから口をきいていません。

面接官の印象や評価：確かに悪いのは友だちだけど，相手を許すという気持ちがないのだろうか。

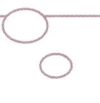

カンザキ先生のアドバイス

友だちとの間で問題が起きた時，それを解決していく力があるのかどうかを見る質問です。けんかをしたままにしているのは協調性がないと見られ，よい印象を与えません。また，けんかをしたことがないと答えてもよいですが，そのために努力していることまで述べましょう。ただ「しない」とだけ答えると友だちと積極的につきあっていないと思われます。

キミの答えを巻末「予想質問&回答カード」に書いてみましょう！

質問4　友だちとつきあううえで，大切なことはどのようなことですか。

Good 模範回答例
自分のことばかり考えるのではなく，相手の気持ちを考えることだと思います。そうすれば，相手を傷つけるようなことをしないようになると思うからです。

面接官の印象や評価：相手に対する思いやりがきちんと持てているな。

Bad NG回答例
楽しく過ごすことだと思います。

自分のことしか考えてない印象を受けるな。

カンザキ先生のアドバイス
友だちとつきあううえで，自分が大切にしていることを言いましょう。相手に対して，どのような気づかいができているかが見られます。自分がよければいいというような発言は，自分勝手な人間だと思われるので，よくありません。

質問5　友だちとどのような話をしますか。

Good 模範回答例
友だちとは部活動が同じでしたので，練習についての話が多かったです。最近は，進路や勉強についての話をよくしています。

面接官の印象や評価：中学生らしい話をしているな。部活動に熱心なのもわかる。

Bad NG回答例
テレビの話です。

どんなテレビを見ているのだろう。それも知りたいのだが。

カンザキ先生のアドバイス
友だちとどんなつきあい方をしているかを見る質問です。普段しゃべっている話を話してかまいませんが，まじめな話も含めたほうがよいです。NG回答例のように，ただ「テレビの話」と言うのではなく，どんな内容かまで，きちんと話しましょう。

テーマ 13 読書に関する質問

● 日頃から本を読んでいるか，また，読んだ本の内容を簡潔に説明できるかを問われる。

質問1　最近読んだ本で，印象に残っているものは何ですか。

答え方

次の2点に注意。
① 雑誌や漫画ではなく，本を読む習慣があることをアピールする。
② ただ本を読んだことを述べるのではなく，その本を読んでどのようなことを感じたか，どのような知識が身についたかなどを述べる。

本のタイトルだけを答えると，必ず②を聞かれますので，準備しておくこと。

Good 模範回答例

最近ではメリングの『夏の王』が特に印象に残っています。内容は人間界と妖精界を舞台にしたファンタジーですが，日頃の受験勉強の苦しさを忘れさせてくれるほどの楽しさを味わいました。

面接官の印象や評価：日頃から読書の習慣があるようだな。どんなシーンが印象に残っているのか，聞いてみよう。

Good 模範回答例

最近は受験勉強が忙しく，ほとんど読書をしていませんが，以前に読んだ湯本香樹実さんの『夏の庭』が印象に残っています。この本は，ひとり暮らしの老人と子供たちとの奇妙な交流を描いた小説ですが，子供たちの悩みと老人の寂しさが解けあい，1つの友情が生まれたところにすごく感動したことを覚えています。

面接官の印象や評価：本の内容について簡潔に説明できているし，どういった点に感動したのかというところまでしっかりと述べている。よい答えだな。

Bad NG回答例

もともと読書は好きではないので，あまり読みません。無理して読み始めても，途中でやめてしまうことがほとんどです。

面接官の印象や評価：読書が嫌いというのは困ったものだな。よい作品に出会って，読書の楽しみに目覚めてくれるといいのに。

カンザキ先生のアドバイス

雑誌や漫画は面接官によい印象を与えないので，除外します。また，受験勉強が忙しくて読書の時間が取れない場合は，「最近は受験勉強が忙しくてまとまった読書をしていませんが，以前読んだ『○○』が印象に残っています。」などのように，以前に読んだ本のことを答えればよいでしょう。

キミの答えを巻末「予想質問＆回答カード」に書いてみましょう！

テーマ14 学業に関する質問

● 学習意欲や学習態度を問われる。

質問1 あなたの得意科目を教えてください。

答え方

次の2点に注意すると，回答が深まります。
① 得意科目を答えるとともに，<u>それに伴う実績などがあれば，答える</u>。
② 得意になるためにしてきた<u>努力や，今後どうしていきたいのかなどについても述べる</u>。

Good 模範回答例
得意科目は英語です。中学校3年生の時に英語検定の準2級を取りました。こちらの高校に入れたら，海外語学留学制度などを利用して，さらに英会話の力を高めたいと思っています。

面接官の印象や評価：実績まで答えているところを見ると，よほど自信があるのだな。将来的な展望も持っているし，頼もしい。

Good 模範回答例
理科です。特に天文分野が得意です。小学校の時から父に連れられて天体観測によく行っていたことから，好きになりました。高校では，天文分野とは深い関係にある物理もしっかり勉強して，天文のことをもっと深く学びたいです。

なかなかしっかりした答えだ。さらに，自分の得意分野の深め方までわかっている。ぜひがんばってほしいね。

Bad NG回答例
国語の成績が比較的よいので，国語かなと思います。

得意というからには，自分がそうだと自覚していないといけないと思うが，キミは自覚しているの？

💡 カンザキ先生のアドバイス

得意科目は何かということを通して，キミの学習意欲を試す質問です。その意味で，<u>得意科目がないと答えるのは，あまり学習意欲が高くないと取られがちで，感心しません</u>。一般的には成績のよい科目で，キミ自身が好きだと自覚していたり，興味を持っていたりするものが得意科目と言えますので，それを答えます。

質問2　苦手科目はありますか。

Good 模範回答例
数学が苦手です。計算問題はまだよいのですが，図形の問題や文章問題になると，間違ったり解けなかったりするものが多いです。高校に入ったら，もう一度基礎からやり直してみたいと思っています。

面接官の印象や評価：どの分野がダメなのかが自覚できているのは救いだな。きっとがんばって克服してくれるだろう。

Bad NG回答例
英語の先生がまるでよくなかったので，英語が苦手になってしまいました。

面接官の印象や評価：先生のせいにするというのはいただけないな。本当にそれが原因なの？

カンザキ先生のアドバイス
苦手科目を知るということよりも，その科目に対する学習態度を見るための質問です。苦手科目はどうしても嫌いな科目になりがちですが，**嫌いだからといって放置しておくのは，基礎的な学力を養う高校での学習への意欲がうすいと見られる危険性があります**。なぜ，苦手になってしまったのか，**それを克服するにはどうすればよいと考えているのかについて具体的に述べる**ようにします。

質問3　勉強でわからないところはどうしていましたか。

Good 模範回答例
理科や社会などは，参考書やインターネットを利用してほとんどのことを自分で解決できました。数学や英語はそうはいかなかったので，先生に教えていただきました。

面接官の印象や評価：自分の力で解決しようとする姿勢はいいね。また，わからないことは先生に尋ねるなど，模範的な学習法だ。

Bad NG回答例
友だちに聞いたりしましたが，結局わからないことが多く，そのままにしておきました。

面接官の印象や評価：一応努力はしたのだろうけど，もう一歩踏み込んで，学校の先生に聞くなどしてほしいね。

カンザキ先生のアドバイス
自分の学習方法が確立されているかどうかを見るための質問です。わからない箇所については，各自さまざまな解決方法があるでしょうが，なぜそうしているのかという理由をつけて，**具体的な解決方法を答えましょう**。いずれにしろ，**何もしないで放置しているという姿勢は好ましくありません**。

キミの答えを巻末「予想質問&回答カード」に書いてみましょう！

テーマ 15　塾や習い事に関する質問

● 勉強に対する態度について問われる。

質問 1　塾には行っていましたか。行っていたのなら，どれくらいの頻度でしたか。

答え方

塾に行っていたか，行っていたのならどのくらいの頻度で通っていたかを聞かれているわけですから，事実をそのまま答えればよいのです。
① 行っていたのなら，具体的な数字（週〇日など）とともに答える。
② 行っていなかったのなら「行っていません」と答える。

また，どのように努力して勉学に励んだのかなどを述べてもよいですが，こちらが質問の主体ではないので，あまり長くならないように気をつけます。

⭕ Good 模範回答例
中学校1年生の時には週に2回，英語と数学を習いに行っていました。学年が上がるにつれて科目を増やし，中学校3年生では週3回にして主要5科目を習っていました。

> 面接官の印象や評価
> よくわかるように説明できている。週3回か，大変だっただろうな。

⭕ Good 模範回答例
塾には行っていません。家でいろいろな問題集などを使って自分で勉強しました。でも，ほとんどの友だちは行っていましたので，少し不安もありました。

> 塾に行かずに，自分で計画的に勉強してきたのだな。よくがんばったね。

❌ Bad NG回答例
週3，行ってました。

> 週3回行っていたってことかな。省略などせず，きちんと答えてほしいな。

💡 カンザキ先生のアドバイス

「どれくらい」と聞かれているのですから，「週に何回」などと具体的な数字で答えなければなりません。最低限の答えはそれでよいのですが，この質問では，同時に勉強に対する姿勢も見ようとしている面もありますので，塾が必要と考えた理由や，どのように授業を受けていたかについても，あまり長くならない範囲でつけ足しておくとよいでしょう。

質問2 塾で習っていない科目はどのように勉強しましたか。

Good 模範回答例
私は数学が得意だったので塾では習わず、自分で問題集を解いて勉強しました。時々解けない問題が出てきましたが、その時は学校の先生に教えていただきました。

面接官の印象や評価：苦手な人が多い数学が得意科目だったとは、うらやましいね。答えもしっかりしている。

Bad NG回答例
主要科目以外は塾で習っていませんが、入試にも関係ないのでほとんど勉強していませんでした。

面接官の印象や評価：勉強するのは入試のためだけか。ちょっとさみしいね。

カンザキ先生のアドバイス

塾で習わない科目は、どのように勉強しているのかを聞かれています。塾で習わない科目は自分の力で勉強するしかなく、その意味でキミの学習態度がわかりやすく表れるのです。**高校側は自主的に学習する生徒を求めていますので、キミがそのような生徒であるということを、勉強方法を説明することによって示したいですね。**

質問3 習い事に通っていますか。もしくは、過去に通っていましたか。

Good 模範回答例
はい、水泳教室に通っています。幼稚園の頃からずっと続けています。大会で好成績を収めることができたのも、地道に通い続けたからだと思います。

面接官の印象や評価：長い間、通っているのか。しかも、水泳教室のおかげで、継続することの大切さを学んだようだね。

Bad NG回答例
以前、サッカークラブに所属していました。面倒だったので、3年生になった時にやめました。

面接官の印象や評価：理由が消極的なのが気になるな。性格的な問題なのか、言葉の選び方の問題なのか…

カンザキ先生のアドバイス

一つのことがらに対して、継続的に取り組めるかどうかを尋ねています。飽きっぽい性格が見えると、高校でしっかりと勉強し続けてくれるように感じられません。習い事の経験がない時には「通ったことがありません」、やめたことがあるときは「やめました」と答えても問題ありませんが、**理由は「勉強のため」「部活動のため」など、説明できるようにしておきましょう。**

キミの答えを巻末「予想質問&回答カード」に書いてみましょう！

テーマ 16　中学校での部活動に関する質問

● 部活動に対する認識や積極性を問われる。

質問 1　中学校で部活動は何かしていましたか。

答え方

まずは，部活動をしていたかどうかを答えます。
① 部活動をしていたのなら，<u>具体的な活動内容や成果</u>，また，部活動を通して<u>身につけたことや学んだこと</u>について，答えを準備しておく。
② 部活動をしていなかったのなら，していなかったと率直に答え，<u>部活動に参加しなかった前向きな理由</u>を用意しておく。

Good　模範回答例

茶道部に所属していました。最初は，和菓子が好きという理由で茶道(さどう)を始めたのですが，お点前(てまえ)の動き1つ1つの意味を知り，また「わび・さび」の文化を少しずつ教えていただくうちに，茶道そのものが好きになりました。

> 面接官の印象や評価
> まじめに取り組んでいた様子がわかるね。中学校で茶道部というのは，珍しいのじゃないかな。

Good　模範回答例

中学校1年生の時はパソコン部でしたが，体が弱かったので，体力づくりを目指してバスケットボール部に変わりました。練習はきつかったですが，体力をつけることのほか，仲間との信頼関係を築くこともできたため，とてもよかったと思っています。高校に入ってからもバスケットボールを続けていきたいと思っています。

> 部活動に参加した目的がはっきりしている。部活動を通して，精神的にも肉体的にも成長したことがよくわかるね。

Bad　NG回答例

部活動はやっていませんでした。興味がある部がなかったからです。

> じゃ，キミの興味は何かい？ちょっと後ろ向きの答えで，よい印象は持てないな。

💡 カンザキ先生のアドバイス

この質問を通して，キミが部活動をどのように見ていたのか，また，部活動を通して得たものを認識できているかどうかを見ようとしています。<u>部活動での体験などをもとに，どのような工夫や努力をし，どのようなことを得たのかきちんと説明できるようにしておかなければなりません。</u>

質問2　部活動での思い出は何かありますか。

Good 模範回答例

中学校3年生の時の夏のバレーボール部の引退試合です。試合自体は負けてしまったのですが，あの時ほどメンバーが一致団結して勝利をつかもうとしたことはなかったと思います。中学校時代の最高の思い出となりました。

> 面接官の印象や評価
> 試合の様子が目に浮かびそうだ。どのようにして一致団結したのか，知りたいところだな。

Bad NG回答例

野球部の夏の大会で，サヨナラ負けしたことです。一生忘れられない最悪の思い出です。

> 試合の結果は最悪かもしれないけど，もっとプラスの面で思い出として残せるものはなかったのかな。

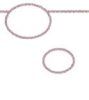

カンザキ先生のアドバイス

　この質問は，部活動に積極的に参加していたかどうかを見るものです。場合によっては，思い出に関するエピソードをくわしく聞いたり，どういった工夫や努力をしたのかなど，さらに深く掘り下げた質問をされることもあります。**できごとを1つにしぼり，その当時の目標や特に努力した点，結果，それによって得られたことなどを，前もって整理しておくと安心です。**

質問3　高校でも，同じ部活動を続けたいですか。

Good 模範回答例

はい。英語部で県内の英語スピーチコンテストに出場しました。とても緊張しましたが，何とか終えられた時のうれしさはいまでも忘れられません。高校でも英語部に入部して，もっと大きな大会に出場してみたいと思っています。

> 面接官の印象や評価
> 貴重な経験で自信をつけたんだね。さらに飛躍してくれることを期待しています。

Bad NG回答例

3年間もやったので，別の部活動でもいいかなと思っています。

> 部活動を変えるのはいいけど，理由がはっきりしないな。

カンザキ先生のアドバイス

　同じ部活動を続けたい場合は，ただ中学校でやっていたからという理由ではなく，**より向上したいという意志を伝えましょう**。高校に入ったら違う部活動をやってみたいというのも問題ありません。ただし，その場合は，どうして変えるのかの理由をはっきり言えるようにしておきましょう。

キミの答えを巻末「予想質問&回答カード」に書いてみましょう！

質問4　部活動で学んだことは何ですか。

Good 模範回答例

ア－チェリー部に所属していました。アーチェリーは，弓道に比べて筋力をそれほど使いませんが，瞬間的な集中力が必要なスポーツです。私は，このスポーツで得た集中力を日頃の勉強にいかすことができたと思っています。

> 面接官の印象や評価
> 部活動を通して何を得たか，きちんと理解できている。部活動にも勉強にもがんばってきたことがよくわかるな。

Bad NG回答例

部内で対立があって，人間関係の難しさを学びました。

> 確かに学んだことかもしれないけど，成長した感じはしないな。

💡 カンザキ先生のアドバイス

部活動によって，どのような成長ができたかを見るものです。「何もない」と答えるのはよくないので，**どのようなことを得たか考えておきましょう**。NG回答例のようにマイナスなことを答えると，面接官に部活動に消極的な人という印象を与えてしまいます。

質問5　なぜ部活動をやめたのですか。

Good 模範回答例

中学校2年生の時に大きなけがをして，部活動を長く休むことになりました。復帰してもすぐに引退となってしまうので，やめました。けれども，試合の応援などには行っていました。

> 面接官の印象や評価
> 残念な結果になってしまったけど，部の友だちとは交流があったのだな。

Bad NG回答例

テニス部に入っていましたが，成績が下がったので，親に怒られてやめました。

> 勉強と部活動を両立できないということか。高校でも同じなら困るな。

💡 カンザキ先生のアドバイス

部活動をやめてしまった場合には，**その理由をできるだけ具体的に答えられるようにしておくことです**。やめたあとも部員と交流があったなど，前向きに答えられるようにしておきましょう。「練習がつらいから」などの理由では，面接官によい印象を与えません。

テーマ 17 委員会や生徒会に関する質問

● 委員会や生徒会活動にどれだけ積極的にかかわったかを問われる。

質問 1　中学校で委員会や生徒会活動はしていましたか。

答え方

まずは、どんな委員会に入っていたか、また生徒会に入っていたかどうかを答えます。そのうえで、次のようなことを伝えましょう。
① 委員会や生徒会の活動を**具体的にどのようにおこなってきたか**。
② **努力したことや苦労したこと**、あるいは**達成できてうれしかったこと**など。

Good 模範回答例
3年間を通して保健委員会に入っていました。保健委員のおもな仕事は、体育祭や遠足の時の負傷者に簡単な手当てをすることでしたが、ほかにも月に1回発行の保健だよりを作るのが楽しかったです。

面接官の印象や評価：保健委員の仕事を楽しんでできたのは、よかったのじゃないかな。

Good 模範回答例
生徒会で書記をしていました。書記は生徒会長と違い、皆の前で話すことはありませんが、会議ごとに必ずその内容を正確に記録しなければならないので大変でした。でも、やりがいがありました。

面接官の印象や評価：うまくまとめて話せている。会長も大変だけど、書記も大変だろうな。

Bad NG回答例
何かの委員会に入らないとダメだったので、何もしなくてよい美化委員会に入りました。

面接官の印象や評価：何もしなくてよいわけはないだろう。キミがさぼっていただけだよ。

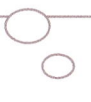

💡 カンザキ先生のアドバイス

中学校においては全員が何らかの係や委員になっているはずです。ですからこの質問は、それらにどれだけ積極的に取り組んでいたかを問うものです。**どの委員会に入っていたかが重要なのではなく、与えられた委員の役割に対して、キミがどのようにかかわってきたかが問われています**。積極的にかかわってきた内容をアピールしましょう。

▶ キミの答えを巻末「予想質問&回答カード」に書いてみましょう！

テーマ18 中学校生活に関する質問

● 中学校生活が充実したものであったかどうかを問われる。

質問1 中学校生活で最も印象に残っていることは何ですか。

答え方

キミの中学校生活が充実したものであれば、印象に残っていることはすぐに答えられるはずです。質問は、最も印象に残っていることと聞かれているので、次のことに気をつけましょう。

① 話す内容は一つにしぼり、多くのことをあれもこれも述べることはしない。

Good 模範回答例

中学校1年生の時に、校内の合唱コンクールで私のクラスが金賞をいただいたことです。コンクールの3か月くらい前から朝7時過ぎには学校に行って練習をする毎日でしたが、その成果が最高の形となって表れてくれて、とてもうれしく思いました。

面接官の印象や評価：学校行事にしっかり参加して、結果を出すことができたわけか。クラス全体がまとまったのだろうな。

Good 模範回答例

中学校3年生の時の修学旅行です。普段はあまり会話をしたことがなかった人と、夜にふとんに入りながらおしゃべりをして、仲よくなることができました。それ以降、クラス全体がいままで以上にまとまった気がします。

面接官の印象や評価：修学旅行は大きな行事だから、印象に残っている人も多いだろうな。クラスが一段とまとまったのは、よかったね。

Bad NG回答例

父と魚釣りに行って、50cmのバスを釣ったことです。あの時の手応えは、いまもしっかり残っています。

面接官の印象や評価：ダメとは言えないかもしれないけど、学校に直接関係したことでほかに何かないかな。

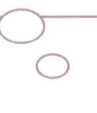

カンザキ先生のアドバイス

中学校生活で、心に残っている印象深いできごとを聞くことで、キミが中学校生活で得たものを自覚できているかどうかを見ようとしています。中学校生活に直接関係したできごとについて答え、学校生活とは直接関係のないものは避けましょう。また、たとえ印象に残っていても、「定期試験がダメだった」「部活動がつらかった」など、マイナスイメージの強い内容は避けたほうが賢明です。

質問2　あなたの通う中学校について説明してください。

Good 模範回答例
私の通う中学校は，少し町はずれの高台にあります。まわりに工場などもなく，車もあまり通りません。静かな環境なので，落ち着いて勉強に取り組めます。

> 面接官の印象や評価
> 学校の環境面について説明してくれたわけだ。立地条件がよくわかるね。

Bad NG回答例
町からだいぶ離れた山の中腹へ移転したので，通うのが大変です。狭くても，町の中心部にあった前のほうがよかったです。

> よいところもあるはずなのに…否定的なとらえ方をする子なのだろうか。

カンザキ先生のアドバイス

キミの通う中学校の説明をしてもらうことで，自分の学校をどのように受け止めているかを見ようとする質問です。その時，立地条件などを中心に説明する，学校行事やクラスの状況などを中心に説明するなど，いろいろな方法があります。ただし，あれもこれも言おうとすると，面接官は混乱してしまいます。また，あまり細かいことを言っても伝わりません。

質問3　小学校と中学校の違いについて，あなたはどのように考えていますか。

Good 模範回答例
小学校では1人の先生がクラスのほとんどの科目を教えてくださいましたが，中学校では教科ごとに違う先生が教えてくださいます。このことが一番大きな違いだと思います。これは，中学校の勉強が小学校の勉強とは異なり，専門的な内容になっているからだと思います。

> 面接官の印象や評価
> 確かに大きな違いの1つだね。そのことに対して，自分なりに意味づけして理解しようとしているわけだ。

Bad NG回答例
家から遠くなりました。

> それはキミの個人的な事情。内容面での違いを答えてほしいな。

カンザキ先生のアドバイス

この質問にはそれほど深い意図はないので，キミの感じた小学校と中学校の違いをわかりやすく説明すればよいのです。制度や組織的な違いのほか，キミ自身が感じた内面的な違いについて説明してもよいでしょう。ただ，成績や通学のしかたなどの個人的な変化は，答えになりません。

キミの答えを巻末「予想質問&回答カード」に書いてみましょう！

テーマ 19　熱中したことに関する質問

● 充実した中学校生活を送っていたかどうかを問われる。

質問1　あなたが中学校生活で熱中したことについて教えてください。

答え方

熱中したことは，必ずしもりっぱな結果を残したものでなくてもかまいません。自分が熱中できたと思えることについて，その理由などもふまえて素直に答えればよいのです。

① 熱中したことは何かについて，その内容を簡単に答える。
② そのために努力したことやそれによって得られた成果，あるいはそれを通して学んだことなども具体的に述べる。

Good　模範回答例

部活動のサッカーに熱中しました。サッカーは私にとってストレス発散の場所でもありました。中学校で部活動と勉強とを両立させることができたのは，大好きなサッカーに熱中することで，勉強で生じたストレスをうまく発散できたからだと思っています。

面接官の印象や評価：サッカーに熱中することで，勉強面にもよい影響を与えて，バランスの取れた中学校生活を送ってきたのはよいことだね。

Good　模範回答例

2年生の文化祭で，実行委員をしたことが熱中したことです。文化祭は，学校の活動内容や楽しさを外部の人に知ってもらう絶好の機会なので，なるべく多くの人に，自分たちの学校のことを知ってもらいたいと精いっぱい働きました。

面接官の印象や評価：学校行事で中心的な役割を担ってがんばったのか。熱中したかいがあって，きっと大成功だったんだろうね。

Bad　NG回答例

小学校5年生以来，テレビゲームに熱中しています。全然飽きません。

面接官の印象や評価：テレビゲームか。ほかに，中学生らしい何かないかな。

💡 カンザキ先生のアドバイス

熱中したことの内容は，中学生らしさを失わないものなら特に問われませんが，テレビゲームなどの遊びに関係したものはイメージがよくないので，避けたほうがよいでしょう。要は，キミの情熱を注いだものであれば，結果のよしあしなどは関係ありません。

テーマ20 中学校時代の思い出に関する質問

● どのような中学校生活を送っていたかを問われる。

質問1　中学校での一番の思い出は何ですか。

答え方

次の2点を中心として、自分の中で一番心に残っているものを答えればよいでしょう。

① 部活動を通したできごとや、友だちとのつき合いの中であったことなどを思い出す。
② あまり学校とは直接に関係しない個人的な内容は避けたほうがよい。

面接官の印象や評価

Good　模範回答例

たくさんのよい友だちと出会えたことが一番の思い出です。私は、小学校の時は人見知りが激しく、あまり友だちができませんでした。しかし、中学生になってから勇気を出して自分から話しかけてみたら、たくさんの人と友だちになれました。いまのクラスの友だちとは、違う高校に行っても会おうと約束し合っています。

> 友だちをたくさん作れたことがとてもうれしかったんだね。

Good　模範回答例

体育祭で私のクラスが学年総合優勝をしたことです。私は400メートルリレーの選手のほか、応援合戦のリーダーもやりました。毎日の練習は本当にきつかったのですが、そのおかげで優勝でき、いい思い出になりました。

> 精いっぱいがんばって、それで結果が出るとうれしいもんだね。

Bad　NG回答例

思い出はたくさんありますが、これといったものはありません。

> 具体的に話せるものはないというわけか。

💡 カンザキ先生のアドバイス

中学校で熱中したことや人間関係などを見るための総合的な質問です。思い出ですからどのようなことを話してもかまわないのですが、「中学校生活は楽しくなかった」と思わせる後ろ向きな内容は控えたほうがよいでしょう。できるだけ明るく、前向きな毎日を送っていたことを連想させるものを選びましょう。

キミの答えを巻末「予想質問&回答カード」に書いてみましょう！

テーマ 21 中学校の先生に関する質問

● 担任の先生としっかり向き合っていたかどうかが問われる。

質問1　3年の担任の先生はどのような人ですか。

答え方

この質問では、次の2点を考え、具体的に答えます。
① 担任の先生の存在が、キミにどのような影響を与えたのか。
② 担任の先生の存在によって自分たちはどのような行動をとり、その結果どのようなことを達成したのか。

Good 模範回答例
担任の先生は、格好や身の回りの整理について厳しいところがあり、いつもきちんとするようにとおっしゃっています。おかげでうちのクラスでは変な格好をしている人はなく、教室内もきれいです。父親のような存在です。

> 面接官の印象や評価
> 担任の先生のよさをしっかり理解しているな。「父親のような存在」の言葉で、そのことがよくわかるよ。

Good 模範回答例
担任の先生は、男性の美術の先生です。いつもタオルを首に巻いているといった、ちょっと変わったところもありますが、私たちにとても優しく接してくださいます。そのため、うちのクラス以外の生徒にも人気があります。

> 言葉づかいも正しくて、内容もよくわかるよい答えだ。

Bad NG回答例
よい先生です。

> どのようによい先生なのか、わからない。答えになってないね。

💡 **カンザキ先生のアドバイス**

キミが担任の先生（の中身）をどのように見ているか、先生ときちんと向き合えているかどうかを見るための質問です。先生が、いつもキミにどのような声をかけてくれるか、それに対してキミがどう対応しているかということから考えてみるのがよいでしょう。外見や風貌はあまり関係ありませんので、深くは触れません。悪口も控えること。また、先生の名前を聞かれた時は、きちんとフルネームで答えましょう。

テーマ 22　調査書の内容に関する質問

● きちんと高校生活が送れるかどうかを問われる。

質問 1　2年生の時に欠席や遅刻が多いようですが、どうかしたのですか。

答え方

面接官は調査書を見ながら質問していますので、その理由も含めて、本当のことを答えないといけません。

① 外部に漏らされることはないので、正直に説明する。
② マイナスの要因であった時は、それをどのように乗り越えたかについても説明する。

Good 模範回答例

私は、中学校2年生の5月に自転車に乗っていて交通事故に遭い、右足を骨折したために手術で入院しました。長期の欠席はその入院と、その後のリハビリのためです。退院してからも、ひと月に3回は病院に通わなければならなかったため、遅刻も多くなってしまいました。

面接官の印象や評価：そうか、そういう理由があったのか。しかたがないな。

Bad NG回答例

欠席のほとんどは風邪によるものですが、遅刻の理由はいろいろあります。

いろいろって何かな。高校生活を規則正しく送ることができるのかどうか、心配だな。

Bad NG回答例

あまり学校に行く気になれなかったからです。

高校でもそうなるのではないかと心配だな。

💡 カンザキ先生のアドバイス

調査書には、中学校3年間の成績や授業の出欠状況が書かれています。**面接官が指摘したことに対して、本当のことを答えましょう。**このような質問をする意図は、中学校での遅刻や欠席が多いため、高校でもそうなるのではないかと心配しているからです。**言い訳ではなく、安心してもらえるような回答をすることが必要です。**

キミの答えを巻末「予想質問＆回答カード」に書いてみましょう！

テーマ23 家族に関する質問

● 自分の家族について, きちんと話せるかどうかを問われる。

質問1　ご両親はどのような方ですか。

答え方

この質問は, 面接官が次の2点を見るものです。
① キミの家族について<u>正確に説明できるか</u>。
② 社会的に<u>正しい言い方ができるか</u>。

30ページに書いたように, お父さん・お母さんなどではなく, 父・母などと正しく言えるようにしておかなければなりません。また, 普段から家族とコミュニケーションをとるように心がけましょう。

Good 模範回答例
父は厳しいところがありますが, 私が困っている時はとても真剣に話を聞いてくれ, よいアドバイスをくれます。また勉強でわからないことがあって聞くと, 丁寧に教えてくれます。母は楽天家で, とても明るい性格です。料理が上手で, 毎日おいしいお弁当を作ってくれます。

> 面接官の印象や評価
> ご両親とは, しっかりよい関係が築けているようだな。安心だ。

Good 模範回答例
父は, 言葉づかいやマナーにとても厳しい人です。少し口うるさく感じる時もありますが, 自分のためだと思って聞いています。母はおっとりした性格で, くよくよしているところをあまり見たことがありません。そんな母の姿を見ていると, 心の安らぎをもらうことが多いです。

> ご両親の性格など, よく観察できているようだ。口うるさく感じる時は, どのような対応をしているのか, ちょっと聞いてみたいな。

Bad NG回答例
あまり両親とは会話をしないので, よくわかりません。

> 自分の親とあまり会話しないというのは穏やかではないね。よい関係ができていないの?

💡 **カンザキ先生のアドバイス**

キミが両親のことをどのように考えているか, それを見るための質問です。つまり, 両親とよくコミュニケーションがとれているか, 両親と親しい関係にあるかどうかという点を見ています。<u>キミから見た両親の姿を, 具体例などを交えてうまく伝えてください</u>。なお, <u>他人が聞いて悪い印象を持つようなことや, 両親の悪口は避けましょう</u>。

質問2　あなたの家族構成を教えてください。

Good 模範回答例
父，母，姉，祖父，それに私の5人家族です。

面接官の印象や評価：家族の呼び方も適切だな。

Bad NG回答例
お父さん，お母さん，お姉ちゃん，お婆ちゃんとシャム猫のマロンちゃん，そして私です。

面接官の印象や評価：きちんとした呼び方ができていないな。ペットまで家族に入れるか？

カンザキ先生のアドバイス

出願書類の内容確認のための質問の1つで，家族について正確に説明できるかを見ます。面接の時に「お父さん，お母さん」，「パパ，ママ」などと呼ぶのは絶対にダメです。この場合の家族の正しい呼び方は，父・母（父母をまとめて呼ぶ時は両親）・兄・姉・弟・妹・祖父・祖母（祖父と祖母をまとめて呼ぶ時は祖父母）・曽祖父（ひいおじいさんのこと）・曽祖母（ひいおばあさんのこと）です。これらの呼び方は，正確に言えるように練習しておきましょう。

質問3　保護者の方のお名前と職業を教えてください。

Good 模範回答例
父は田中一郎，母は京子で，両親ともに働いています。父は会社員で，母は看護師です。

面接官の印象や評価：きちんと両親の職業を知り，正しく言えている。

Bad NG回答例
お父さんは田中一郎で，お母さんは京子です。お父さんは会社員ですが，会社の名前は知りません。お母さんは確かパートで働いていると思います。

面接官の印象や評価：正しい呼び方ができていないし，両親の仕事のことをよく理解していないな。

カンザキ先生のアドバイス

この質問も，家族構成の質問と同じように，出願書類の内容を確認するためのものです。保護者の名前や職業を簡潔に，正しく答えられるかどうかというところがチェックされます。名前は言うまでもなく，どこで働いているのかもきちんと知っておく必要があります。なお，職業は公務員，会社員，看護師などの言い方でOKです。

キミの答えを巻末「予想質問&回答カード」に書いてみましょう！

質問4　兄弟・姉妹の仲はどうですか。兄弟げんかはしますか。

Good 模範回答例
小学生の弟が1人います。正直，生意気だなと思うこともあり，けんかもしますが，すぐに仲直りすることができます。休みの日には弟といっしょにキャッチボールをよくします。

> 面接官の印象や評価
> キャッチボールをいっしょにするなど，けんかをしても仲がよいのだな。

Bad NG回答例
私には大学生の兄がいますが，お兄ちゃんは帰りが遅く，何をしているのか知りません。

> 「お兄ちゃん」はいただけないね。あまり顔を合わせることもないのかな。

💡 カンザキ先生のアドバイス

身近な家族である兄弟や姉妹との関係から，キミの家庭での生活の様子をうかがうための質問です。兄弟・姉妹とのかかわり方がわかるように答えましょう。その時，**自分が兄弟・姉妹に対してどのように思っているのかが言えるとよいでしょう**。ただし，**あまりにも仲が悪いという印象を与える内容は，良好な家庭環境ではないと受け取られかねないので避けるほうが賢明です**。

質問5　家族とどのような話をしますか。

Good 模範回答例
学校であったことなどをよく話します。また，父と私と妹はサッカーが好きなので，サッカーの試合について話すことも多いです。

> 面接官の印象や評価
> 家族とのコミュニケーションがきちんと取れているな。

Bad NG回答例
両親とは，進路の話をしたくらいです。

> 両親とは普段話をしないのかな。家族の仲はどうなのか。

💡 カンザキ先生のアドバイス

家族関係が良好であるかどうかを見る質問です。**普段，どんな話をしているかわかるように答えましょう**。コミュニケーションが取れていないと家族関係がうまくいっていないと思われます。**日頃からきちんと家族と話をするようにしましょう**。

テーマ24 家庭での手伝いに関する質問

● 家庭でのしつけや，自立した受験生かどうかが問われる。

質問1 家で手伝いをしますか。

答え方

キミの家庭生活の状況を尋ねる質問です。質問に答えるポイントは，次の2点です。
① 受験生だからといって家族に甘えずに，<u>積極的に手伝いをする。</u>
② 手伝いができない場合は，<u>家族への感謝の気持ちを添えて答える。</u>

Good 模範回答例
はい。私の役割はゴミ捨てと風呂の掃除，朝食の準備です。受験生とはいえ，家族の一員ですから，積極的に手伝いをしています。

> 面接官の印象や評価
> しっかりとしつけを受けている。本校に入学しても，集団の一員としての振る舞いができるだろう。

Good 模範回答例
残念ながら，受験勉強が忙しくて手伝いができていません。いまは，私のことを家族がサポートしてくれています。受験勉強が終わったら，積極的に家事を手伝います。

> 家族のサポートがあることを自覚している。受験勉強が終わったら手伝うという意識があるならば，それを信じよう。

Bad NG回答例
いいえ。していません。親がすべてやってくれます。

> 過保護なのか。子供が家庭生活に積極的にかかわらない姿勢をつくるような家庭なのかもしれない。

💡 カンザキ先生のアドバイス

家庭の手伝いに関する質問をすると，家庭の状況が見えてきます。規律正しい生活を送っているのか，過保護なのか，放任主義を貫く家庭なのか，しつけが行き届いているのか，といったことがわかります。**少なくとも家での手伝いは日頃から積極的におこなうことを心がけましょう。具体的にどういう手伝いをしているのか，説明できるくらいになりましょう。**

キミの答えを巻末「予想質問＆回答カード」に書いてみましょう！

テーマ25 生活スタイルに関する質問

● 日常生活の様子や生活リズムについて問われる。

質問1 友だちと遊びに行くことは多いですか。

答え方

「多い」と答えるだけなく，次の2点もいっしょに述べます。
① よく遊びに行った人は，<u>どのように遊んでいたか，どんなことに気をつけていたか</u>などについて答える。
② 遊びに行くことがなかった人は，<u>どのようにして友だちと交流していたか</u>について話す。

Good 模範回答例
あまりありません。休日でも部活動に行くことが多かったですし，仲のよい友だちとは部活動も違ったため，なかなかいっしょに遊びに行くことができませんでした。たまに部活動の休みの日が合った時には，いっしょに買い物に行ったり街を歩いたりしました。

> 面接官の印象や評価
> 友だちと遊びに行けなかった理由も含めて，きちんと答えられている。

Good 模範回答例
友だちとはよく遊びに出かけます。買い物をしたり，おしゃべりしたりするのがおもです。楽しくてついつい時間がたつのを忘れてしまうので，気をつけるようにしています。

> よいことだ。中学生らしさを失わないようにしてほしいね。

Bad NG回答例
友だちと出かけることは多いですが，何をしようと決めているわけではありません。何となく集まって，だらだらと過ごすことが多いです。

> だらだらと過ごしているというのは，あまりよい印象ではないな。生活態度が乱れているようにも感じてしまう。

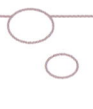

💡 カンザキ先生のアドバイス

キミの日常を見るための質問です。基本的には，日常のありのままをそのまま話せばよいのですが，ただ「だらだらと遊んでいる」「夜遅くまで遊ぶ」「ゲームセンターで遊ぶ」といった回答は，中学生としてふさわしくないと受け取られかねないので，避けるようにしましょう。

質問2　朝食は毎日きちんと食べていますか。

Good 模範回答例
毎日食べています。ただ，たまに私が寝坊して食べられないこともありますが，その時は，牛乳だけでも飲むようにしています。

> 面接官の印象や評価
> しっかり朝食をとっているな。

Bad NG回答例
家で食べる時間がないので，学校に行く途中にコンビニに寄り，パンなどを買います。

> 朝もう少し早く起きるようにしたら，きちんと家で食べられるのじゃないのかな。

💡 カンザキ先生のアドバイス

食生活が規則正しいか，食事に気をつかっているかなどが確認されます。寝坊などで朝食を食べられない時がある人は，**できるだけ毎日食べようとしていることや，最低限何かを食べたり飲んだりして，規則正しい食生活をしようと努力していることを伝えるとよいでしょう**。このような質問に自信を持って答えられるようになるためにも，**規則正しい生活をして朝食をきちんと食べるようにすることです**。

質問3　休みの日は何をして過ごしていますか。

Good 模範回答例
体を動かすことが好きなので，勉強の合間にジョギングしたりサイクリングしたりすることが多いです。

> 面接官の印象や評価
> 勉強もし，運動もして，メリハリのある休日を送っている。よいんじゃないかな。

Bad NG回答例
ほとんど一日中寝ていることが多いです。特にしたいこともないので…。

> 寝ているだけ？　したいことがないというのも困ったね。

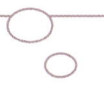

💡 カンザキ先生のアドバイス

休日の過ごし方を尋ねて，キミが中学生らしい生活を送っているかどうかを見るための質問です。「**いつも街へ遊びに出かける」「寝ているだけ」「何もしていない」というような答えからは健全さが感じられず，あまり感心できません**。また，部活動中心だった場合は，そのことを正直に述べてかまいませんが，**時間を見つけて過ごした家族や友だちとのことをつけ加えることも忘れないようにしましょう**。

> キミの答えを巻末「予想質問&回答カード」に書いてみましょう！

テーマ 26 校外の活動に関する質問

● 学校以外の活動に対して関心を持っているかどうかを問われる。

質問 1 地域交流やボランティア活動に参加したことがありますか。

答え方

小さなことでもよいので、自分が経験した地域交流やボランティア活動について答えましょう。答える時には、次の2点に気をつけると中身が深まります。
① <u>「どのような」活動に、「どういった立場」で参加したのかをわかりやすく説明する。</u>
② <u>その活動を通して学んだことや身についたことについても答える。</u>

Good 模範回答例
地域で街のゴミ拾いをする活動に参加したことがあります。それまでは地域の人と話すことはほとんどありませんでしたが、この活動に参加してからは、地域の人たちのほうから声を掛けてくださるようになり、とてもうれしく思っています。

面接官の印象や評価：活動に参加したおかげで、地域の人々ともコミュニケーションがとれるようになった。すばらしいことだね。

Good 模範回答例
中学校の校外活動で老人ホームへ行き、お年寄りの方々といっしょに歌を歌ったり、折り紙を折ったりしたことがあります。お年寄りの方々は私たちに自分の孫に対するように接してくださり、お互いに楽しい時間を過ごすことができてよかったです。

面接官の印象や評価：よい経験をしたね。ボランティアは他者のためだけでなく、自分のためにもなるということを実感できたかな。

Bad NG回答例
学校から参加するようにとは言われなかったので、特には参加していません。

面接官の印象や評価：誰かに言われてするものではないのだが…。だいぶ勘違いしているようだ。

💡 **カンザキ先生のアドバイス**

学校以外での活動に、積極的に取り組んでいるかどうかを見るための質問です。地域交流やボランティア活動を積極的におこなえば、学校以外の人たちとの交流が深まることがあり、キミの人間形成にもよい影響を与えてくれることが多いものです。<u>参加して得たこと、感じたことを前向きに述べましょう。</u>

質問2 ボランティア活動やアルバイトに興味はありますか。

面接官の印象や評価

Good 模範回答例
はい，興味があります。私は将来，福祉関係の仕事をしたいと考えているのですが，できれば福祉関係のボランティア活動を通して，はたして自分にできる仕事かどうかを試すことができたらいいなと思っています。

> 興味を持った動機がしっかり言えている。よい経験をしてほしいね。

Good 模範回答例
アルバイトに興味があります。もちろん，勉強をおろそかにしないことが条件ですが，自分で働いてお金を得ることのおもしろさや大変さといったことを早く実感してみたい気持ちがあります。

> たぶん大変さばかりを実感すると思うが…。勉強が第一であることをきちんと理解している点は，よいことだ。

Bad NG回答例
遊ぶためのお金がほしいので，アルバイトをやりたいです。

> そういう考えで始めると，大変なことになることがわからないかな。

💡 カンザキ先生のアドバイス

ちょっとあいまいな質問ですが，「するかしないか」ではなく，興味が「あるかないか」なので，キミの思いを正直に言ってよいと思います。ボランティア活動に対して，興味があるかないかとその理由，またはどのような意義を感じるかについて，思ったままを答えればよいでしょう。また，アルバイトについて答える時も，興味があるかないかとその理由を答えます。ただし，NG回答例のような，お金ほしさといった回答は避けましょう。

> キミの答えを巻末「予想質問&回答カード」に書いてみましょう！

テーマ27 社会的なできごとに関する質問

● 社会の動きに対する興味や関心を持っているかどうかを問われる。

質問1 新聞やテレビのニュース番組を見ていますか。

答え方

それらを見ているか見ていないかを答えてから，見ている場合には，次の2点も答えます。

① <u>どのような内容の記事（政治，経済，国際，教育，地域の問題など）に注目して見ているのか</u>を述べる。
② それらを<u>どういった見方をしているか（読むだけ，切り抜きをする，わからない言葉を自分で調べるなど）</u>を説明する。

Good 模範回答例

両方とも見ています。新聞は，政治や経済など理解するのが難しい部分は父に聞きます。また，宇宙についての記事など，自分の興味のある部分は切り抜いたりしています。テレビのニュース番組は，学校から帰ってきてから夕食までの間にチラチラ見る程度ですが，見ています。

面接官の印象や評価： 政治や経済面は確かに難しいが，勉強していってほしいね。興味のある部分は切り抜いているというのは，感心だな。

Good 模範回答例

新聞は，スポーツ欄以外はあまり見ませんが，テレビのニュース番組はできるだけ見るように心がけています。番組で流れているニュースについて，家族で話し合うことも時々あります。

ニュースの内容について，家族で話し合うこともあるって，よいことだね。生きたよい勉強になることだろう。

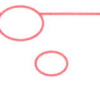

Bad NG回答例

新聞はテレビ番組欄とスポーツ欄は見ますが，ほかは見ません。テレビもニュース番組は見たことがありません。アニメとサッカーぐらいです。

来年は高校生なんだから，少しくらいは社会の動きについても関心を持ってもいいのじゃないかな。

💡 カンザキ先生のアドバイス

積極的に「新聞やニュースを見ている」という方向で回答を考えておきましょう。「興味がない」「テレビ番組欄やスポーツ欄しか見ない」といった回答では評価は望めません。日頃から新聞やテレビのニュース番組をチェックし，自分の興味のある部分については，自分の意見や感想を簡単にまとめておくくらいはしておきたいものです。

質問2　最近，気になっている社会的なできごとは何ですか。

Good　模範回答例

外国に多いのですが，同じ国家内での民族間の紛争が気になります。なぜそのようなことが起きてしまうのかよくわかりませんが，原因としてはきっとそう簡単には解決できない難しい問題があるのだろうと思います。そのあたりのことが，高校での勉強を通して少しでもわかればいいなと思います。

面接官の印象や評価：多くの民族が1つの国家を作っていると，どうしてもこういう問題が起こりがちだ。しっかり勉強して，その本質を見てほしいね。

Good　模範回答例

選挙権の年齢が18歳まで引き下げられたことです。私たちのような若い世代が選挙に行き，政治に参加するべきだと考えます。私も，高校3年生になったら選挙の投票に行くことになります。私たちの生活がよくなるような政策を掲げている候補者を選ぶために，高校でも新聞や本を読みながら，政治についての勉強をしていこうと思います。

候補者を選ぶ時には政策を見つめることが大切だという考えだね。また，高校入学後も勉強したいという意志が伝わるな。

Bad　NG回答例

特にありません。

社会の動向に関心がないのだろうか。このような態度では困るな。

💡 カンザキ先生のアドバイス

　前の質問と同様で，キミの社会に対する興味や関心の度合いを見るための質問です。**単に見たり聞いたりした内容をそのまま伝えるのではなく，「どういう点が問題なのか，原因なのか」「どうすれば解決できるのだろうか」というように，自分なりの考えを説明できるようにしておかなければなりません。**だからといって，新聞の記事を丸暗記するのはよくありません。それらを参考にする時でも，自分の言葉にしてまとめ直しておく必要があります。

キミの答えを巻末「予想質問&回答カード」に書いてみましょう！

テーマ28 情報化社会に関する質問

● 情報機器の使い方をきちんと理解しているかを問われる。

質問1 インターネット上のマナーについてどう思いますか。

答え方

インターネットは，豊富な情報をすぐにでも手に入れることができて便利なものですが，相手の顔が見えないために，デマや悪口が書き込まれたり，犯罪に結びつくことが起こるという問題点も多く出てきています。

① よい面をいかしつつ，問題点を克服するためには，利用者がきちんとマナーを守ることが必要だという観点で答える。

Good 模範回答例

私も普段からインターネットを使っていますが，ウソの情報や相手を傷つけるような書き込みを見ることがあります。相手の顔が見えないので，悪いことをしてもわからないと考えているのでしょうが，それが問題です。利用する人それぞれが，人をだまさない，傷つけないという最低限のマナーを守って使うようになれば，皆が気持ちよくインターネットを使えると思います。

面接官の印象や評価：キミの言うとおり，「顔が見えないからかまわないだろう」というところに問題がありそうだね。

Bad NG回答例

マナーは取り締まることができないので，どうしようもないのではないでしょうか。

面接官の印象や評価：確かに法律じゃないのだから，取り締まりはできないけど…。でも，しかたないというのはどうもいただけないな。

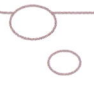

💡 カンザキ先生のアドバイス

インターネットのよい点と問題点とをきちんと理解し，多くの人が利用するインターネットという場におけるマナーをどう考えるのかについて，その理由とともに答えます。もちろん「マナーは守るべきもの」という立場から答えるべきで，「しかたない」という立場は取るべきではないでしょう。インターネット上でのマナーについてきちんと理解し，答えられるかどうかというところが見られています。

質問2 携帯電話やスマートフォンを持っていますか。どう使っていますか。

Good 模範回答例
はい，持っています。塾の帰りに家族と連絡を取るのに使っています。そのほかに，友だちと連絡するのにも使っていますが，1日1時間と，使う時間を決めています。

面接官の印象や評価：時間を決めて適切に使用しているな。

Bad NG回答例
はい，持っています。空いてる時間はいつもゲームをしてます。

面接官の印象や評価：ゲームばかりしているのか。

カンザキ先生のアドバイス

中学生で携帯電話やスマートフォンを持っている人が多いのは高校の先生もよくわかっていますので，持っているならば正直に答えましょう。ただし，いつもゲームばかりしているとか何時間も友だちと通信をしているといった使い方は評価されません。普段から使用方法に気をつけましょう。また，高校によっては持ち込みが禁止されているところもありますので，注意しましょう。

質問3 テレビを一日何時間見ますか。

Good 模範回答例
平日は塾があるので，朝ニュースを見るくらいです。休日は2時間くらいバラエティ番組を見ます。

面接官の印象や評価：規則正しい生活を送っているな。

Bad NG回答例
その日によって違います。見る時は3時間くらい見ます。

面接官の印象や評価：計画性がない印象がするし，1日3時間というのも長いな。

カンザキ先生のアドバイス

けじめ正しい生活をしているかどうかが見られます。番組については何でもよいですが，時間を決めて規則正しく見ていることをアピールしましょう。

キミの答えを巻末「予想質問&回答カード」に書いてみましょう！

テーマ 29　環境問題に関する質問

● 地球環境問題について，どのように取り組もうと考えているかを問われる。

質問1　環境問題に対して，あなたはどのように取り組みたいと思っていますか。

答え方

環境問題に対するキミの取り組みを聞かれていますから，次の2点が必要です。
① キミが<u>どのような方法で環境問題の解決に向けて取り組めるか</u>，できるだけ具体的に答える。
② 具体的な取り組み方のキーワードとして，<u>リユース（再使用），リデュース（ものを減らすこと），リサイクル（再資源化）</u>の3つのRをもとにして考える。

面接官の印象や評価

Good 模範回答例
ゴミの分別をきちんとして，資源として使えるものは再利用してゴミを減らし，環境を守る取り組みをしていきたいと思います。私の住む市ではゴミの分別回収がおこなわれていますので，家族全員でゴミの分別を徹底しています。

> 小さな取り組みであっても，皆がおこなえば大きな成果につながるね。ゴミの分別なんかも，その例だね。

Good 模範回答例
むだを減らす取り組みをしたいと思います。使わなくなったものを簡単に捨てず，ほかの人に譲って再使用できるように，私はフリーマーケットによく参加して，いらないものの交換をしています。

> できることから確実にやっていくことが重要だよね。その意味ではフリーマーケットなどは，積極的に参加しやすいね。

Bad NG回答例
地球温暖化を防ぐために，皆が車に乗らないようにしたらよいと思います。

> すべての人が自動車に乗らずに生活するのは不可能だ。もっと現実的で，キミができる方法を考えてほしいな。

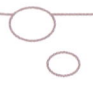

💡 カンザキ先生のアドバイス

自分が知っていることを例に挙げて，キミ自身が心がけていることを答えればよいのです。当然ですが，<u>「環境をよくする」という立場で答えるべき</u>で，「取り組む必要はない」「やってもしかたない」といった<u>否定的な回答は避けます</u>。身近な環境問題（ゴミ問題，3R運動など）でも地球規模の大きな問題（地球温暖化，大気汚染など）でもかまわないのですが，<u>キミが実際におこなえる内容でなければいけません</u>。

テーマ30 高齢化社会に関する質問

● 高齢化社会に対して，自分なりにできることを考えているかどうかを問われる。

質問1　高齢化社会において，あなたにできることは何ですか。

答え方

高齢化社会の中で「あなたにできること」と聞かれているので，自分なりに何ができるか考えて答えます。
① 何も大きなことである必要はなく，**身近なこと，小さなこと**でよい。
② 家に高齢者がいなくても，**駅や電車・バスなどで，高齢者と接した場面などを考えて，あらかじめ答えを用意しておく**。

Good 模範回答例
高齢者の方々と身近に接することです。以前，ボランティア活動で老人ホームに行き，いっしょに歌をうたったり，ゲームをしたりしました。その時，高齢者の方から昔の話を聞けました。共通の時間を持つことで，高齢者の方が生きがいを感じてくださるのではないかと思います。

> 面接官の印象や評価
> 自分の体験をふまえて，自分ができることの範囲で答えているので，真意がよく伝わってくるね。よい答えだよ。

Good 模範回答例
お年寄りに優しく接することぐらいです。電車に乗っている時に，お年寄りが乗ってこられたら，優先席でなくても進んで席を譲るようにしています。

> 「できること」はどんなに小さいことでも自発的に，心を込めてすることが何よりも大切だと思うよ。

Bad NG回答例
私の祖父は老人ホームに入って楽しくやっているみたいなので，高齢者は老人ホームに行くのがいいと思います。

> 「キミ自身ができること」を聞いているのに，答えていない。施設に丸投げという内容も感心しないな。

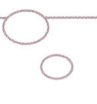

💡 カンザキ先生のアドバイス

この質問では，高齢化が進んで社会問題になっていることをきちんと理解し，それに対してキミがどのような支援をしようと考えているのかを見ようとしています。「何もできない」「他者に丸投げ」といった姿勢は，この問題を真剣にとらえているとは思えず，感心できません。「**お年寄りの手助けをする**」「**高齢者と積極的に接する**」など，キミができる範囲のことでよいので，前向きな姿勢を示すべきです。

> キミの答えを巻末「予想質問&回答カード」に書いてみましょう！

テーマ31 国際化に関する質問

● 異なる文化を持つ人々と、どのように交流していくかが問われる。

質問1 日本に住む外国人が増えているいま、彼らと交流する時に大切なことは何だと思いますか。

答え方

日本に住んでいながら異なる文化を持つ人々（＝外国人）に対して、キミを含めた日本人はどのような気持ちを持って向き合えばよいのかを考えて答えます。

① <u>「交流」する時に必要なこと</u>なので、「向こうが日本に合わせればよい」というような態度ではいけない。
② <u>どんなことが必要か、自分には何ができるか</u>ということを中心に、異文化圏の人々とのかかわり合い方を考える。

Good 模範回答例

お互いがお互いのことを尊重して交流することが大事だと考えています。日本に住んでいるのだから、日本の文化や習慣に合わせてもらうことも必要なことかもしれませんが、同じように私たち日本人も外国の人の文化や風習を理解しなければならないと思います。そうしないと、外国の人がなぜそのように考えるのかなどがわからないので、本当に外国の人のことを理解できないのではないかと思います。

面接官の印象や評価：いわゆる相互理解ということだね。きちんと自分の意見を持って、重要であることを言えているな。

Bad NG回答例

日本にいるのだから、外国人も日本の文化や風習に合わせるべきではないですか。こちらから合わせることはないと思います。

キミが外国に住むことになった時のことを考えてごらん。そういう態度をされたらどう思う？

カンザキ先生のアドバイス

国際化が進むことにより生じるいろいろな問題に対しては、<u>「お互いのことを理解し合う」</u>という立場で回答したいところです。実際にこれまでに異文化交流の機会があった人はその経験をもとに、そうした経験がなかった人はそういう機会に出会ったらどうするかということをもとに、異文化を持つ人々との交流をする際に重要だと考えられることをまとめておきたいものです。

テーマ32 車内マナーに関する質問

● 車内での携帯電話やスマートフォンの使用はどうあるべきかについて問われる。

質問1 電車の中での携帯電話やスマートフォンの使用をどう思いますか。

答え方

次の2点をふまえて、電車の中での携帯電話やスマートフォンの使用についてのキミ自身の考えをハッキリ述べましょう。
① 携帯電話やスマートフォンは、<u>いつでもどこでも連絡を取ることができるという便利な面がある</u>。
② 一方、電車の中で通話をするなど、<u>使用上のマナーを守れない人がいる</u>。

面接官の印象や評価

Good 模範回答例
私は、電車内での使用はできるだけ避けるべきだと思います。電車の中で通話をすると、周りにいる人は話し声がとても気になり、不快な気分になります。電車は公共の場であるため、ある程度個人の行動が制約されるのは当然だと思います。

> 自分の意見と、そう考える理由がしっかり示されている。よい答え方だ。

Good 模範回答例
携帯電話やスマートフォンの使用を不快に思う人がいるのはわかりますが、急な連絡が入った時に電話に出られないのも困ると思います。使用してもかまわない車両を設けるといった対策が必要ではないでしょうか。

> なるほど。そういう意見もあるか。自分の意見がきちんと示されていて、よい答え方になっているね。

Bad NG回答例
小さい声で話しているなら、少しぐらい大目に見てもよいと思います。

> 声が小さいか大きいかを誰が判断するの？ それに「大目」がたび重なるとどうなるかな。

💡 カンザキ先生のアドバイス

携帯電話やスマートフォンはいつでも連絡を取ることができる非常に便利なものですが、電車内での通話のように、使い方を間違えると他人に対して迷惑をかけることがあります。その意味で、「ほかの人に迷惑をかけないようにする」といった方向で回答の内容を考えておきましょう。「気にせず電話をしてもかまわない」といった内容の回答は、常識を疑われかねませんから避けましょう。

キミの答えを巻末「予想質問&回答カード」に書いてみましょう！

テーマ 33 優先座席に関する質問

● 困っている人に対する，人としての基本的な態度を問われる。

質問1　あなたは，バスや電車の優先座席は必要だと思いますか。

答え方

優先座席が必要かどうかということを聞かれているので，次の点が必要です。
① 自分の意見と，その理由をわかりやすく答える。

また，この座席の対象者は，お年寄りや体の不自由な人だけではなく，妊娠初期の女性など，一目見ただけではわからない人もいることも気をつけましょう。

Good 模範回答例
優先座席は必要だと思います。優先座席があれば，その近くでは誰もが優先座席に座る人を意識するため，お年寄りや体の不自由な人にもすぐ気づき，席を譲ることができると思います。

> 面接官の印象や評価
> 優先座席によって，人々の意識を高めることができるという理由がしっかり述べられているな。

Good 模範回答例
あまり必要性を感じません。私は優先座席であるかどうかではなく，自分がお年寄りや体の不自由な人に気づき，席を譲る気持ちがあるかどうかのほうが大切だと考えるからです。最近はマタニティマークのキーホルダーをつけている女性にも積極的に譲るようにしています。

> 優先座席は特に必要ではなく，人々の心がけのほうが大切だという自分なりの考えがきちんと打ち出せているな。

Bad NG回答例
昔からあって，役に立っているのだから，必要なのではないでしょうか。

> 自分なりの理由がないので，意見としては説得力がないな。

💡 **カンザキ先生のアドバイス**

優先座席については，さまざまな意見があるのは事実ですが，「困っている人には席を譲る」という人間としての基本的な立場から回答を考える必要があるでしょう。席を替わらなくてはいけないので，優先座席はなくてもよいといった考えは，その基本的な立場に反する考えであり，困った人を支援するという気持ちを欠いた人物であるととらえられてもおかしくないので，よくありません。

3章

入試面接を再現する

この章では，面接試験がどのようにおこなわれているかを紙面上で再現しました。読んで，実際の面接試験の様子を知りましょう。
本文の横には，どんなところがよいか，またはどんなところが悪いかがわかるコメントがついていますので，参考にしてください。

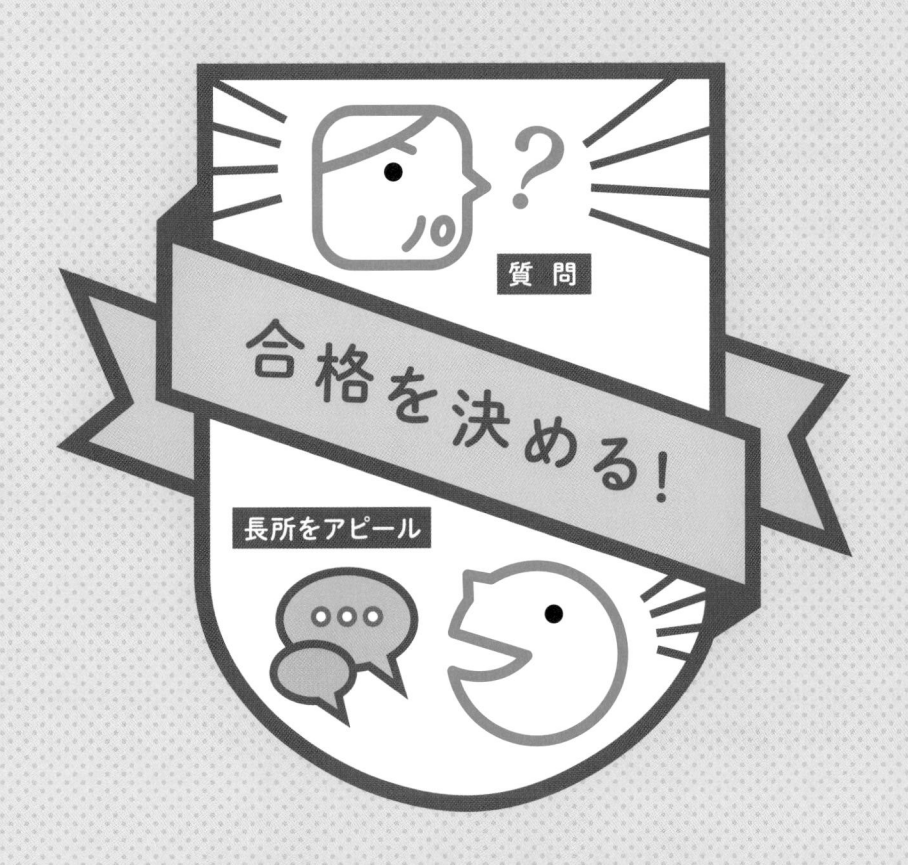

個人面接 1　Ａ君（普通科志望）の場合　面接官２名

● 準備不足のＡ君，どんなところでつまずいているのか。

面接官Ａ　次の人，どうぞ。

　　　　　…Ａ君，ノックをし，ドアを開く…

Ａ　君　**失礼します。**　…お辞儀をし，いすのそばに行く…
受験番号128番，Ａです。よろしくお願いします。
…再びお辞儀をする…

面接官Ａ　では，お座りください。…Ａ君，着席する…
それでは，面接試験を始めます。私たち面接官は，Ａさんのことを深く知るためにさまざまな質問をします。率直に答えてください。

Ａ　君　…うなずきながら…　**はい，わかりました。**

面接官Ａ　では，最初の質問です。我が校を志望した理由[1]を教えてください。

Ａ　君　**えーと**[2]…，**継続して勉強できる環境があるからです。学校説明会に行った時に，毎月何かのテストをしていて，実力を保てるようにしているということを聞きました。また，なんか**[2]**，朝の学習の時間があるということですので，毎日欠かさず勉強に取り組めます。私は将来大学に進みたいのですが，なかなか毎日勉強することが身についていない**[3]**ので…。なんか**[2]**，そんな私に合っていると考えました。**

面接官Ｂ　毎日勉強することが苦手なのですか？

Ａ　君　…「しまった」という顔をして…　**えっ…，はい…。いままでもそうだったので…。**

面接官Ｂ　いままでも？　それは定期試験なんかの時でも？

Ａ　君　**はい。定期試験は塾での対策で追い込みをかけるというか**[4]**…。**

面接官Ｂ　…渋い顔をして…　もしかして塾で対策しているから自分では勉強しなくていいと思っているの？

---

[1] 本書で収録の質問例。(40ページ参照)

[2] 「えーと」とか「なんか」といった言葉（口癖かも？）が多く，とても気になります。
→模擬面接などを活用して，自分が気がついていない口癖などがないかどうか，ほかの人にチェックしてもらっておきましょう。

[3] ここであえて自分の欠点を言う必要はありません。こういった発言は，あとあと面接官から突っ込まれることも多いので，気をつけます。
→面接は自分のよいところをアピールする場であると，つねに意識しておきましょう。

[4] 「というか」はくだけた表現なので，面接にはふさわしくありません。

A君	そんなことはありません。毎日続けて勉強しなければならないと思っているのは本当です。しかし，なんか[2]，部活動が忙しく，なかなか時間をとれなかった[5]んです…。
面接官A	まあまあ，B先生。勉強しようという意志はあるようですから…。…提出書類（調査書など）を見ながら… では，いま話に出た部活動についてお聞きします。部活動は吹奏楽部に所属していたようですが，部活動でがんばったこと[6]は何ですか。
A君	えっと[2]，吹奏楽部ではトロンボーンを担当していました。きれいな和音を作るように，パートの人たちといっぱい[7]練習しました。一番がんばったのは練習です。
面接官A	そうですか。では，きれいな和音を作るために何か工夫をしたことはありますか。あったら教えてください。
A君	…驚いたような顔をして… えっ，工夫ですか。工夫は…。ちょっと考える時間をもらえますか[8]。
面接官A	いいですよ。じっくり整理してくださいね。
A君	…30秒ほど考えて，ひらめいた顔をする… えっと[2]，工夫したことは，和音を演奏してそれを録音したことです。録音して，自分たちで聞いて，どの音を控えるか，あるいはもっと出すのかをまずは自分たちで考えました。そのあと，顧問の先生に私たちの和音を聞いてもらって，よくないところを直しました。
面接官A	なるほど。それは，誰が考えたのですか。
A君	私です。
面接官A	そうですか。では，なぜそういう工夫をしようと考えたのですか。
A君	えっと[2]，楽器を吹いていると自分の音が大きく聞こえてしまい，なんか[2]，和音のバランスを考えられなくなってしまうじゃないですかぁ[9]。録音すればちゃんとバランスについて考えられると思うんです[9]。
面接官A	…納得しつつ，ちょっと困った顔をして… なるほど。それはすばらしい工夫でしたね。わかりました。B先生から質問はありますか？

[5]
勉強できなかった理由をほかのことのせいにするのは好ましいことではありません。勉強しなかったのは，あくまでもキミの自覚の問題です。
→何についても，できないことの理由を他人やほかのことのせいにして言ってはいけません。

[6]
本書で収録の質問例。
（70ページ参照）

[7]
「いっぱい」は話し言葉です。「時間をかけて」のように言い換えましょう。

[8]
考える時間をもらうというのは，よい判断でした。
（34ページ参照）

[9]
「ですかぁ」や「思うんです」は話し言葉。どちらも「思いました」でよいでしょう。

面接官B	では，あなた自身のことについてお尋ねします。あなたは，自分の長所[10]は何だと思いますか。	[10] 本書で収録の質問例。（56ページ参照）
A君	長所っすか[11]…。短所なら思いつくんですが…。	[11]「…っすか」は適切な敬語ではありません。「…ですか」と言い換えます。
面接官B	…顔を曇らせながら…　では短所は何ですか？	
A君	短所は，物事を継続してやることが苦手なことです。特に勉強に関しては，まるでダメです。	
面接官B	でも，部活動は3年間続けたんでしょ？　継続しているではないですか[12]。それでもやはり継続は苦手ですか。	[12] 面接官に話が矛盾していることを指摘されています。これはいただけません。
A君	そうですね。部活動は楽しかったから，なんか[2]続けられましたが…。	
面接官B	ということは，勉強は楽しくなかったから続けられなかった，というわけか。それは困りましたね。	
A君	えっ！　はい，そのとおりです。	[13] 本書で収録の質問例。（46, 47, 50, 51ページ参照）
面接官B	…苦い顔をしつつ…　私からの質問は以上です。	
面接官A	では，私から最後の質問です。我が校に入学したあと，そして将来の展望について[13]，それぞれ簡単に答えてください。	[14] 質問の意味がわからない時は，このように尋ね返して，確認してもかまいません。
A君	すみません，展望とはどういうことですか？[14]	
面接官A	あ，ちょっと難しかったですか？　簡単に言うと，「我が校に入学してから，そして卒業してから，あなたはどうしていきたいと思っているのか」ということです。答えられますか？	[15] 進路決定を先に延ばしていると取られかねないので，評価できません。
A君	そういうことですか。わかりました。将来は大学に進んで，夢を見つけたい[15]と思っています。そのために高校では勉強をたくさん[16]したいです。	[16]「たくさん」は話し言葉。「しっかり勉強したい」などと言い換えます。
面接官A	…困ったような表情をして…　わかりました。面接は以上で終わります。試験の結果は○月○日に，文書でお知らせします。退室していただいて結構です。	
A君	ありがとうございました。…いすの横に立ち，お辞儀をする。扉のところまで歩いていき，扉の前で一礼…　失礼します。…退室する…	

面接の結果

評価項目 \ 評価基準	A	B	C
① 入学に対する意欲 ・我が校の特徴を理解しているか。 ・将来の展望を持って入学を希望しているか。	我が校の特徴を十分に理解していて、将来の展望をはっきりさせて入学を希望している。	我が校の特徴を十分に理解していない、もしくは将来の展望がはっきりしていない。	我が校の特徴を十分に理解しておらず、将来の展望もはっきりしていない。
② 受験生の能力 ・これまでに能力や知性を身につけてきたか、身につけようとしているか。	中学校時代に能力や知性を身につけてきており、これからも身につけようという意志を持つ。	持っている能力や知性はものたりないが、これから身につけようという意志を持つ。	中学校時代に身につけるべき能力や知性はものたりず、これから身につけようという意志が見られない。
③ 学習意欲の有無 ・高校での学習に意欲を感じるか。	学習意欲が高い。	学習意欲は感じるものの、高いとは言えない。	学習意欲がない。
④ 理解力 ・質問に適切に答えられたか。	質問に適切に答え、「なぜそう言えるのか」という理由を示せている。	質問に適切に答えているが、「なぜそう言えるのか」という理由が示せていないことがある。	質問に適切に答えられず、「なぜそう言えるのか」という理由も示せていない。
⑤ 人間性 ・中学生としてふさわしい言葉づかいや振る舞いをしているか。	中学生としてふさわしい言葉づかいや振る舞いをしている。	中学生としてふさわしい言葉づかいや振る舞いをしていないことがある。	中学生としてふさわしい言葉づかいや振る舞いをしていない。

	①	②	③	④	⑤	総合評価
A君	C	B	B	B	B	B

総 評

　部活動には熱心に取り組み、さまざまな工夫をこらしながら上達していったことがわかった点では好感が持てました。しかし、質問に正しく答えられていなかったところや、将来の展望があいまいであるなど、感心できない回答も数多くありました。

　極端に悪いというわけではないものの、積極的に入学させたいとは思えないというのが、率直な意見です。

個人面接 2　Bさん（商業科志望）の場合　　面接官3名

● しっかりと準備ができているBさん，どんなところがよいか。

面接官A　次の人，どうぞ。

Bさん　…ノックをし，ドアを開く…　失礼します。…お辞儀をし，いすのそばに行く…　受験番号42番，Bです。よろしくお願いします。…再びお辞儀をする…

面接官A　では，お座りください。…Bさん，着席する…
　　　　それでは，面接試験を始めます。私たちが質問しますので，Bさんの思いや考えを答えてください。なお，答えにくかったり答えたくない質問があったりしたら，無理に答えなくてもかまいません。その時は，正直に「答えられない」と言ってくださって結構です。

Bさん　…うなずきながら…　はい。わかりました。

面接官A　では，最初に，本校を志望した理由[1]を述べてください。

Bさん　はい。こちらの高校のカリキュラムが，私の夢をかなえるのに最適だったからです[2]。公認会計士である父の影響もあり，私も将来は会計実務にたずさわる仕事に就きたいと思っています。こちらの高校では，簿記（ぼき）に関係した科目が充実していますし，3年ではハイレベルの簿記の授業を選択できるところも魅力です。3年間簿記の勉強を続け，まずは簿記検定を取りたいと考えています。こういったことができると考えたので，こちらを志望しました。

面接官A　…感心した顔をして…　なるほど。とてもよくわかりました。
　　　　B先生，何か志望理由について尋ねたいことはありますか？

面接官B　…考えるような顔をして…　そうですね…。いま，Bさんは「簿記の勉強ができるから」という理由を述べていましたが，ほかに我が校を志望しようと決めた理由はありませんか？[3]

Bさん　はい。もちろんあります。文化祭などの行事が盛んなことです。私もこちらの高校の文化祭にうかがいましたが，先輩方が作ったアーチや，テープで作った虹[4]など，ほかの高校にはない取り組みが印象に残っています。こういう大がかりな

---

[1] 本書で収録の質問例。（40ページ参照）

[2] 将来の展望を交えながら，志望校のカリキュラムのよさを理由に挙げています。このように，抽象的なことではなく，できるだけ具体的な点に触れて答えると，説得力のある回答になります。
→志望校の教育課程（カリキュラム）についても，できるだけ事前に調べておきましょう。

[3] さらに深く尋ねる質問がされることもあります。
→その志望校を選んだ理由は，できれば複数個用意しておきたいものです。

[4] このように具体的なことがらを交えて説明すると，説得力が増します。

　　　　　　取り組みには団結力が必要だと思いますが，私は人と人とが助け合いながら1つのものを作り上げていくのはすばらしいことだと思います。こちらの高校に入学できたら，その一員になってがんばりたいと思ったことも，こちらを志望した理由の1つです。

面接官B　なるほど，我が校の文化祭に来てくれたのですね。あのアーチと「虹」は我が校の伝統なのですよ。来年入学できたら，ぜひ手伝ってください。

Bさん　　…笑顔で…　はい！　がんばります。

面接官B　私からはこれくらいですが，C先生からは何かありますか？

面接官C　そうですね。先ほど，お父さんの影響で会計実務の仕事に就きたいと話していましたが，そのことに関連して，会計の仕事に魅力を感じた理由や動機を教えてくれますか？

Bさん　　はい。公認会計士は，いろいろな会社の会計のチェックをするのが仕事です。よく父は私に「会計士は会社のお医者さんみたいなものなんだよ」と話してくれます。会社がうまくいっているかいないかは，帳簿を見ればすぐにわかるそうです。会社には多くの社員がいて一生懸命に働いていますが，全員がこういった帳簿をくわしく見ているわけではありません。会計の仕事は，帳簿から会社の状況を把握し，よりよい状態に変えるにはどうすればよいかなどを提案することです[5]。このように，多くの社員の人の生活を陰で支えることができるという点に魅力を感じています。

面接官C　…感心した顔をして…　ほぉ…，お父さんの仕事を理解したうえで，自分も会計の仕事に就きたいと思っているのですね。よくわかりました。私からは以上です。では，A先生，お願いしますね。

面接官A　はい。それでは，別の質問をしますね。…書類を見ながら…Bさんは放送委員を3年間やっているようですが，どのような活動をしていましたか？[6]

Bさん　　はい。学校行事の時，放送器具を準備することが放送委員のおもな仕事です。また，昼の校内放送などのアナウンスもしています。

面接官A　そうですか。では，放送委員の活動の中で，これは一番がん

[5] 公認会計士の仕事の内容をしっかり理解したうえで，ポイントをついた答えになっています。よい回答です。

[6] 本書で収録の質問例。(73ページ参照)

ばったと言えることはどんなことですか？[7]

Bさん	そうですね。体育祭の時のシナリオ作りです。
面接官A	では，なぜそれを挙げたのですか。理由を答えてくれますか？
Bさん	はい。シナリオは体育祭が始まる1週間前には作り終えるのですが，体育祭直前まで何回も修正を重ねなければなりません。たとえば，<u>応援団は応援合戦の直前まで内容を明かしてくれません</u>[8]ので，もらった情報をもとにしてシナリオをとりあえず作ります。しかし，当日内容を変えてくることもあります。私は<u>競技や出し物をじっくり観察し，その場でシナリオの内容を変える</u>[8]といったことをやっていました。すぐにそういったことに対応できるよう，<u>さまざまな言い回しの勉強をしたり</u>[8]と，いろいろな取り組みをしてきました。それが一番がんばったことだと思います。
面接官A	…感心した顔をして…　なるほど，放送委員として真剣に取り組んでいたのですね。では，B先生，何かありますか？
面接官B	はい。では…。あなたは部活動には入っていなかったようだけれど，何か理由がありますか？
Bさん	はい。先ほど言いましたように，3年間放送委員をやってきました。放送委員の仕事をしっかりとこなし，よりよくしようとがんばってきました。<u>そちらに力を注いでいましたので，部活動には入りませんでした</u>[9]。
面接官B	なるほど。部活動に放送部とかはなかったの？
Bさん	はい。放送部はありませんでした。
面接官B	では，我が校に入学できても，部活動には入らないということですか？
Bさん	いいえ。こちらの高校には放送部があると聞いていますので，入学できたら放送部に入部したうえで，放送委員の仕事を続けていきたいと思っています。
面接官B	そうですか，わかりました。入学できたら，ぜひ活躍してください。
Bさん	…笑顔で…　はい，がんばりたいと思います。

[7] 本書で収録の質問例。（71ページ参照）

[8] 具体例を挙げながら，質問に対してしっかり答えられています。この答えなら，キミのがんばり具合がよく伝わるでしょう。
→回答に自分の具体例や体験を入れると，わかりやすくなります。

[9] 部活動をしていなかった理由が前向きに答えられています。

面接官B	私からはこれくらいですが…。C先生，何か質問がありますか。
面接官C	はい。では，私からは別の質問をしてみましょうか。Bさんは，<u>最近のニュースや社会問題で関心のあるものはありますか？</u>[10]
Bさん	はい。最近，言葉の乱れが目立つようになってきたということに関心があります。放送委員ということで言葉にかかわることが多いので，たいへん気になります。
面接官C	では，どういったことが特に気になりますか。くわしく聞かせてください。
Bさん	はい。たとえば，目上の方に「〜っす」といった敬語を使う人がいるなど，敬語の乱れが特に気になります。<u>こういったことは，「誰のために敬語を使うのか」ということがきちんと考えられていないから起こるのではないかと思います</u>[11]。
面接官C	…フムフムといった感じで…　では，その問題に対して，<u>どうすれば正すことができると考えますか？</u>[12] Bさんの思うところを教えてください。
Bさん	はい。問題は，話す相手が目上であれば尊敬語や謙譲語を使わなければならないことを知らない人が多いということだと思います。そのため，<u>敬語を学ぶ機会を増やせば，自分自身で適切な言葉づかいを考えることができるのではないでしょうか</u>[13]。
面接官C	…なかなかやるな，といった感じで…　ホゥ，敬語を学ぶ機会を増やす…ねぇ。では，具体的にはどういったことが考えられますか？
Bさん	はい。おそらく本人が敬語が必要だと思わない限り，勉強はしないと思います。その意味で，<u>電話のかけ方など，身近なテーマを扱いながら授業などで学べるといいと思います</u>[14]。
面接官C	…うなずきながら…　なるほど。あなたの考え方はよくわかりました。私からは以上で結構です。A先生，お願いします。
面接官A	はい。では，私から最後の質問です。Bさんは，<u>我が校に入学できたら，どういう高校生活を送りたいと考えていますか？</u>[15]

[10] 本書で収録の質問例。(89ページ参照)

[11] 関心のある社会問題に対して，なぜそういうことが起こるのか(原因)をしっかりとらえて回答できています。

[12] さらに深く聞いてくる質問もあります。できるだけ関連内容まで予想して，回答を考えておきましょう。

[13] 原因がどこにあるかをしっかり理解したうえで，具体的な提案ができています。

[14] 説明が具体的で，言いたいことがよく伝わります。

[15] 本書で収録の質問例。(46，47ページ参照)

Bさん	はい。まずは簿記の勉強を中心にしながら，いろいろな分野の勉強をしていきたいと思っています[16]。公認会計士を目指していますので，大学に進学することを考えています。そのために特に英語や国語をはじめとして，大学進学に必要なことをしっかりと学んでいきたいと考えています。そして，放送部や委員会，文化祭等にも積極的に参加して，こちらの高校での生活を充実したものにしていきたいです。
面接官A	…うなずきながら…　はい。よくわかりました。私たちからの質問は以上でおしまいです。最後に，Bさんのほうから何か私たちに質問はありますか？[17]
Bさん	はい。先生方にお聞きしたいことが1つあります。先生方が思っていらっしゃる〇〇高校の魅力を，ぜひうかがいしたいのですが…。
面接官A	…ちょっと驚いたような顔をして…　我が校の魅力ですか…。私は，生徒たちが作る雰囲気のよさだと思いますね。この高校に進学してくる生徒たちは，商業科という専門学科であることから，前向きな子が多いですね。募集要項にも書いてあったと思いますが，将来の目標がしっかりとしている生徒が多いと思います。目標がはっきりしている生徒はしっかりと勉強にも取り組むし，いい雰囲気が作りやすいと，私は思いますね。B先生はどうお感じですか？
面接官B	私も同感ですね。あとは，いざという時の団結力が強いということでしょうかね。我が校は文化祭や体育祭をはじめとして，学校行事が他校と比べて多いのが特徴なんですが，そういった活動を通して，皆で1つのものを作り上げる大切さを学んでいるようですよ。私からはそんなところですが，C先生からは何かありますか。
面接官C	そうですね。いい意味でメリハリのある学校だと思いますよ。我が校は，知っているとは思いますが，校則や生徒指導がほかの高校に比べると厳しいのです。そのせいだからというわけではないのですが，度を超したことをする生徒はほとんどいません。部活動も行事も勉強もしっかりとするし，決まり事もしっかりと守る。そういう高校生らしい生活ができるところだと思いますよ。
Bさん	…笑顔で，納得したように…　そうですか，よくわかりました。ありがとうございました。

[16] それまでの答えと矛盾しないように気をつけながら，うまく答えています。

[17] このように，学校や面接官に対する逆質問をうながされることもあります。質問の内容をいくつか考えておくと安心です。

[質問例]
- 先生方が指導される時，どういう点に力を入れられますか。
- どのような人に一番入学してほしいですか。
- こちらの高校で欠けているものは何だと思われますか。

面接官A	あとは何かありますか？
Bさん	**特にありません**[18]。
面接官A	わかりました。では，これで面接試験を終わります。最終結果は◯月◯日の◯時から◯時の間に，事務室で合否の結果を手渡しします。その際に受験票が必要になりますので，忘れないで持って来てください。以上です。退室なさって結構です。
Bさん	**ありがとうございました。**…いすの横に立ち，お辞儀をする。扉のところまで歩いていき，扉の前で一礼… **失礼します。**…退室する…

[18] 質問をなげかけたあとに「特にありません」と言うぶんには問題ありません。

面接の結果

評価項目 \ 評価基準	A	B	C
① 入学に対する意欲 ・我が校の特徴を理解しているか。 ・将来の展望を持って入学を希望しているか。	我が校の特徴を十分に理解していて、将来の展望をはっきりさせて入学を希望している。	我が校の特徴を十分に理解していない、もしくは将来の展望がはっきりしていない。	我が校の特徴を十分に理解しておらず、将来の展望もはっきりしていない。
② 受験生の能力 ・これまでに能力や知性を身につけてきたか、身につけようとしているか。	中学校時代に能力や知性を身につけてきており、これからも身につけようという意志を持つ。	持っている能力や知性はものたりないが、これから身につけようという意志を持つ。	中学校時代に身につけるべき能力や知性はものたりず、これから身につけようという意志が見られない。
③ 学習意欲の有無 ・高校での学習に意欲を感じるか。	学習意欲が高い。	学習意欲は感じるものの、高いとは言えない。	学習意欲がない。
④ 理解力 ・質問に適切に答えられたか。	質問に適切に答え、「なぜそう言えるのか」という理由を示せている。	質問に適切に答えているが、「なぜそう言えるのか」という理由が示せていないことがある。	質問に適切に答えられず、「なぜそう言えるのか」という理由も示せていない。
⑤ 人間性 ・中学生としてふさわしい言葉づかいや振る舞いをしているか。	中学生としてふさわしい言葉づかいや振る舞いをしている。	中学生としてふさわしい言葉づかいや振る舞いをしていないことがある。	中学生としてふさわしい言葉づかいや振る舞いをしていない。

	①	②	③	④	⑤	総合評価
Bさん	A	A	A	A	A	A

総 評

　志望理由が非常にハッキリしていて、かつ、好感の持てる回答内容が印象に残りました。しかも、突っ込んだ問いかけに対してもしっかりと答えるなど、面接試験に向けて入念な準備をしてきたことがよくわかりました。意見を述べるだけでなく、その意見のもとになっている理由まで明確に答えている点もよいと思われます。
　特に悪い点は見あたらず、積極的に入学させたい模範的な受験生だと言えます。

集団面接 1　Cさん・D君・Eさん（普通科志望）の場合

面接官2名と案内係の先生

● あいまいな回答のCさん，適切な回答ができているD君，論外なEさん，どこに違いがあるか。

案内係	…扉から顔をのぞかせながら…　次のグループの生徒さんをお連れしました。
面接官A	はい。では，入ってもらってください。…Cさん，D君，Eさんの3名が入室する。3人とも座席の横に立つ… では，左の人から，受験番号と名前を言ってください。
Cさん	受験番号13番，Cです。よろしくお願いします。
D君	受験番号14番，Dです。よろしくお願いします。
Eさん	受験番号15番，Eです。よろしくお願いします。
面接官A	では，おかけください。…3人，着席する…　それでは，これから面接試験を始めます。面接官から質問をしますから，左の人から順番に同じ質問に答えてください。もしかしたら，先の人と同じ答えになるかもしれませんが，その場合でも気にせずに，思ったことを答えてください。 では，本校を志望した理由[1]を，Cさんから順に述べてください。
Cさん	はい。私は「人格の完成を目指す」というこちらの高校の理念にひかれたから[2]です。私はまだ中学生で未熟なところが多いと思いますが，こちらに入学できれば，未熟な私も大人になれる[3]と感じたから，志望しました。
面接官A	では，Dさんはどうですか？
D君	僕[4]は，テニス部で活躍したいから[5]志望しました。こちらの高校のテニス部は伝統があり，毎年のようにインターハイなどに出場されています。そのメンバーとして活躍したいと思っています。
面接官A	なるほど。では，Eさんはどうですか？
Eさん	はい。私は，こちらの高校の自由な雰囲気に憧れた[6]からです。学校説明会や文化祭に行きましたが，先輩方が自由な服

---

[1] 本書で収録の質問例。（40ページ参照）

[2] 「（建学の）理念にひかれたから」という理由は問題ありません。ただし，理念がいくつかある場合は，具体的にどの部分かを明らかにしておきます。

[3] 「大人になれる」とか「自分が成長できる」などのあいまいな表現はあまり感心しません。

[4] 1人称は「私」を使います。

[5] 「部活動などで活躍したいから」という答えも問題ありません。

[6] 校風や雰囲気にひかれるという理由は，何ら問題ありません。

装で，楽しそうにしていました[7]。私もそのようになりたいと思いました。

面接官A　では，いまお答えいただいた内容について，それぞれ質問していきます。まず，Cさん。Cさんは先ほど「大人になれると感じた」と述べていましたが，Cさんが考える「大人」とは何ですか？[8]

Cさん　えーっと。しっかりと物事を考えて，責任を持って発言したり行動したりできる人だと思います。

面接官A　なるほど。では，我が校に入学したら，Cさんはどのようにして大人になろうと考えていますか。

Cさん　うーん，そのあたりはわかりません。入学したら考えようと思います[9]。

面接官A　…困ったような顔をして…　では，Dさんに質問です。
　　　　　…書類を見ながら…　Dさんはテニス部に入部するためだけに，我が校を選んだのですか？　ほかに理由があれば答えてください。

D君　はい。もちろん，カリキュラムにも魅力を感じています[10]。こちらの高校ではある程度自由に科目を選択できます。進路に合わせて授業を選ぶことができる点は，進学を目指そうとしている私にとって，とても魅力的です。

面接官A　Dさんは将来は進学を目指しているのですね。

D君　はい。そのつもりです。

面接官A　では，どういった方面の学校に進みたいと考えていますか？

D君　機械をいじるのが好きなので，理工系の大学か専門学校に進もうと考えています。特に自動車に興味がありますので…。

面接官A　そうですか。では，機械や自動車に興味を持つようになった動機やできごとがあればくわしく教えてもらえますか？[11]

D君　はい。友だちのお父さんが自動車の整備工場をやっていて，その家によく遊びに行っていました。その時，車の整備の様子を見せてもらいました。それまで調子の悪かった車が，お父さんが修理しただけでエンジンがかかることに驚きました。

[7]
「自由な服装にひかれる」という理由は，あまりにも幼すぎます。

[8]
案の定，「大人」の定義を突っ込まれました。よくあることなので，注意が必要です。

[9]
問題の先送りや丸投げ的な発言はよくありません。

[10]
将来の志望に結びついた志望理由になっています。

[11]
さらに突っ込んだ質問の例ですね。こういうことがよくあります。

もともと子供の頃から車が好きだったということもあって，こういった仕事をしたいと思うようになりました。

面接官A　…納得した顔をして…　そうですか，よくわかりました。それでは次にEさんに質問です。あなたは先ほど「自由な雰囲気に憧れた」と答えていましたが，我が校は制服がないだけで，校則の指導はかなり厳しくやっていますよ。それでも我が校に入学したいですか？[12]

Eさん　えっ，そうなんですか…。でも，入学したいです。やはり制服が自由なのはいいと思います。

面接官A　制服が自由なのがそんなに魅力的なのですか？　なぜそんなにこだわるのですか？[13]

Eさん　**制服がなくて，自分の好きな服で自由に登校してもいいって，すごく楽しそう**[14]**じゃないですか。楽しく学校に通うには，そういったことって，とても大切だと思うんです。**

面接官A　…納得できない顔をして…　自分の好きな服装だと楽しく学校に通える…。何で？

Eさん　…困った顔をして…　何でと言われても…。**自由だと楽しいから**[15]**です。**

面接官A　…頭を傾けながら…　うーん，私にはちょっと納得できませんが…。まぁ，このへんにしましょうか。B先生から質問はありますか？

面接官B　では，私から質問します。ちょうどEさんが制服について話をされましたが，我が校には指定の制服はありません。制服がないことについては，プラス面やマイナス面があるかと思うのですが，みなさんはそのことについてどう考えますか。それでは，まずCさんから答えてください。

Cさん　**そうですね。プラス面は，Eさんも言っていたように**[16]**，自由に服を着ていける楽しさを味わえるところです。マイナス面は毎日服装を考えなければならないところです。制服ならば考えなくてもいいですが。**

面接官B　自由に服を着ていける楽しさ，ですか。もしかしてCさんは，生徒にそういった楽しさを味わわせるために制服をなくしていると思っているのですか？

[12] さらに深く突っ込む質問です。前の答えと矛盾しないように答えることが大事です。

[13] このように自分の意見に対して反論されることがあります。反論に対して回答する時の態度が，感情的にならないように注意する必要があります。

[14] 「楽しそう」という答えは，あまりにも短絡的・幼稚すぎます。

[15] これでは理由になっていません。質問の内容を単に繰り返しているだけです。

[16] ほかの人が答えた内容と同じようなものになっても大丈夫です。その時は，ここの例のように，「○○さんと同じように，～」と言って答えればよいのです。

Cさん	えっ，そうではないんですか？	
面接官B	…少しあきれた顔をして… そうじゃないんだけどなぁ…[17]。では，Dさんはどう思いますか？	[17] このことから，Cさんの答えは適切ではなかったことがわかりますね。
D君	はい。プラス面は，自分自身を律することができる点だと思います[18]。学校へ着ていく服を選ぶということは，高校生としてふさわしい服を選ぶということと同じです。「高校生らしい」振る舞いとは何かをいつも考えることになるからだと考えます。一方，制服を着ていないと，ほかの人から見てその高校の生徒であることがわかりません。だから，軽率な行動をとっても大丈夫だという考えが芽生えるかもしれないというマイナス面があると思います[18]。	[18] D君の答えは，プラス面とマイナス面が，理由も添えてしっかり述べられています。
面接官B	…フムフムと納得した様子で… なるほどね。わかりました。では，Eさんはどう思いますか。	[19] あまりにも幼稚すぎる答えです。こんな答えは絶対にしないように。
Eさん	もちろん，私もCさんと同じ考えで，自由に服を着ていける楽しさがあると思います。私，ファッションに敏感なので，そういう学校に憧れていたんです[19]。欠点は特にないと思います。Dさんの考えは少し考えすぎでしょ[20]。	[20] 個人攻撃になっています。→集団面接では，ほかの人の回答を一方的に非難するのは避けなければなりません。
面接官B	…顔をしかめて… 欠点はない，ということですか。Dさんは少し考えすぎと言いましたが，なぜそう思うのですか？	
Eさん	私はそんなことにはならないからです。	[21] こういう開き直ったような回答は，悪い印象を与えてしまいます。
面接官B	…ちょっと困った顔をして… あなたはそうかもしれないけど，ほかの人はわからないでしょ？	
Eさん	そう言われても…。ほかの人のことはわかりません[21]。	[22] 本書で収録の質問例。（53ページ参照）
面接官B	…さらに困った顔になって… わかりました。私からは以上です。	
面接官A	では，最後に一言ずつ，我が校に入学するにあたってアピールしたいこと[22]を述べてくれますか。では，Cさんからどうぞ。	[23] 入学したいという熱意を伝えるといっても，これは「泣き落とし」みたいなもので，熱意ではありません。きちんとした志望理由で説得しなければいけません。
Cさん	はい。私はこちらの高校に入学できたら，1人の大人として成長できるように努力したいと考えています。そのためには一生懸命がんばるつもりです。どうしても入学したいんです。どうか入学させてください。お願いします[23]。	
面接官A	…困ったような顔をして… では，Dさん，お願いします。	

D 君	私は将来の大学進学のため，そしてテニス部でよい成績を上げるために，一生懸命にがんばろうと思います[24]。勉学と部活動の両立は，いままでも大変でしたが，高校生になればより大変になるでしょう。そのために，効率のよい勉強や練習の方法を考えたり，時間をしっかりと管理できる習慣を身につけたりしようと思っています[25]。	[24] 前に述べた回答と矛盾しない形で述べられています。
面接官A	…納得した顔をして… なるほどね，わかりました。では最後にEさん，お願いします。	[25] 入学後にどうやって目標を実現するのか，問題をどう解決していくのかがしっかりとらえられた回答になっています。よい答えです。
Eさん	私は，自分自身が高校生活を楽しめるようにがんばりたいです[26]。中学校とは違い，自由な生活が待っています。自分がやりたいことを存分にやっていきたいと思います。	
面接官A	…苦笑いして… そうですか，わかりました。はい，面接試験は以上でおしまいです。お疲れさまでした。試験の結果は，○月○日に事務室前の掲示板で発表するとともに，ご自宅宛に合否通知を郵送いたします。合格の場合は入学の手続きが必要ですので，期間内に手続きをしてください。では，退室いただいて結構です。	[26] 自分が楽しめるようにといった短絡的・享楽的な理由は感心できませんし，何よりも説得力がありません。
C・D・E	…それぞれのいすの横に立って… ありがとうございました。…案内係の先生に誘導され，退室…	

面接の結果

評価項目	評価基準	A	B	C
① 入学に対する意欲 ・我が校の特徴を理解しているか。 ・将来の展望を持って入学を希望しているか。		我が校の特徴を十分に理解していて，将来の展望をはっきりさせて入学を希望している。	我が校の特徴を十分に理解していない，もしくは将来の展望がはっきりしていない。	我が校の特徴を十分に理解しておらず，将来の展望もはっきりしていない。
② 受験生の能力 ・これまでに能力や知性を身につけてきたか，身につけようとしているか。		中学校時代に能力や知性を身につけてきており，これからも身につけようという意志を持つ。	持っている能力や知性はものたりないが，これから身につけようという意志を持つ。	中学校時代に身につけるべき能力や知性はものたりず，これから身につけようという意志が見られない。
③ 学習意欲の有無 ・高校での学習に意欲を感じるか。		学習意欲が高い。	学習意欲は感じるものの，高いとは言えない。	学習意欲がない。
④ 理解力 ・質問に適切に答えられたか。		質問に適切に答え，「なぜそう言えるのか」という理由を示せている。	質問に適切に答えているが，「なぜそう言えるのか」という理由が示せていないことがある。	質問に適切に答えられず，「なぜそう言えるのか」という理由も示せていない。
⑤ 人間性 ・中学生としてふさわしい言葉づかいや振る舞いをしているか。		中学生としてふさわしい言葉づかいや振る舞いをしている。	中学生としてふさわしい言葉づかいや振る舞いをしていないことがある。	中学生としてふさわしい言葉づかいや振る舞いをしていない。

	①	②	③	④	⑤	総合評価
Cさん	C	B	B	B	B	B
D君	A	A	A	A	A	A
Eさん	C	C	C	B	B	C

総 評

　Cさんは，回答にあいまいさが残る点が問題です。何となく回答しているという印象で，一歩立ち止まって理由を考えるという習慣があまりないように見受けられます。
　一方，D君は，尋ねられたことに対して適切に回答できています。内容にも説得力があり，好感が持てます。
　それに対してEさんは論外ともいえ，入学させると苦労しそうだというのが目に見えます。
　以上のようなことから，D君は積極的に入学させたいと思いますが，CさんとEさんはどうすべきか，迷うところです。

4章

保護者面接の対策法

私立高校を中心に，保護者の方への面接試験をおこなう所があります。
この章では，その目的と対策法を載せています。
このほか，保護者の方がよく聞かれる質問とその回答例も収録しています。
保護者の方に読んでもらい，面接を成功させましょう。

1　保護者面接の目的とポイント

● 保護者面接の目的を確認し，万全の準備をする。

保護者面接は，どういう目的でおこなわれるのか

　保護者面接とは，文字どおり，高校入試の時に保護者に対しておこなわれる面接試験のことです。形式としては，大きく分けて2つあります。

- 受験生の面接試験の席に保護者が同席する形
- 保護者単独でおこなわれる形

　どちらの形式にしろ，**入試の時に保護者面接をおこなうおもな目的は，受験生への面接だけではわからないことを探るためです**。

　そもそも受験とは，受験生・志望校・家庭（保護者）の3者のマッチングを図るための作業であるということも言えます。つまり，**受験生や保護者が志望校のことを理解する一方で，志望校（面接官）側が受験生・家庭（保護者）を理解し，双方が納得したうえで入学する（させる）というのが理想の形であるはずです**。

　しかしながら受験生だけに面接をおこなっても，面接官側が得られる情報には自ずと限度があり，受験生への理解が不十分となりがちです。特に，受験生を取り巻く環境や家庭の状況，保護者の様子などは，志望校側にとってなかなかつかみにくいものです。そういったことを正しく知るために，保護者面接は非常に有効な手段となります。

面接対策のポイントと，よくされる質問項目

　面接官はさまざまな質問をとおして，受験生本人や保護者，あるいは家庭の環境などを探ろうとします。そんな時，**面接対策として最も確実で回り道しない方法は，よくされる質問の意図を正しく理解し，面接官が見ようとしている点を逃さないことです**。

　よくされる質問項目は，以下の3点です。

- 受験生自身のことについて
- 保護者や家庭環境について
- 志望校への理解について

　121ページ以降に，具体的な質問とそれぞれの模範回答例とNG回答例，そして，その質問で面接官が重視するポイントをまとめました。それらを参考にして，ご自分に当てはまる回答を準備しておいてください。

そのほかに注意すべきポイント

そのほかに、以下のことも忘れないようにしましょう。
① **受験生本人と打ち合わせをしておく**
　受験生と保護者で発言内容が食い違わないように、打ち合わせをしておくべきです。特に、志望理由や将来の進路、本人が自覚している長所などは、双方で内容が矛盾すると、受験にかける真剣さが疑われかねません。
② **子供の回答を尊重する**
　入試面接はあくまでも受験生本人のことを知るためのものです。そのため、保護者同伴面接の時に、面接官が受験生本人に投げかけた質問に対して保護者が先に答えるといったことはもってのほかです。どのような場面でも、**本人の発言がまず尊重されなければなりません。**
③ **表現方法にも気を配る**
　受験生本人と同様、**言葉づかいには気をつけ、敬語を適切に用いた丁寧な表現を心がけたいものです。**面接官を見下した言い方や他人や中学校への批判など、面接官を不快にさせるような発言内容や表現のしかたは絶対に避けてください。

レベルアップ　志望校の教育方針を保護者も理解しておくこと

　保護者面接では、保護者が志望校の教育方針に同意や共感をしているかどうかを尋ねられることがあります。そういった場合に備え、教育方針や理念をパンフレットや高校の公式ホームページなどであらかじめ調べておくことをおすすめします。

　さらに、できれば本人ともども学校説明会に出席し、それらの理解に努めてください。説明会での先生の名前や発言内容を控えておき、面接での回答に加えるなどすると、よいアピールとなることでしょう。

　また、進路指導やキャリア教育に特徴が見られることがあります。大学の一般入試対策のために学業を重んじる高校、部活動に積極的な高校、多様なキャリア設計を認める高校、グローバル化に向けた取り組みをする高校、21世紀に必須な能力を身につけることをうたう高校、ICTを活用して新しい学びを展開する高校など、多種多様です。高校に入学したのちに、受験生本人にどのような能力を身につけてもらいたいか、そのためになぜ志望校に入学させることが適しているのか、といったことを説明できるようにしておくとよいでしょう。

2　確認しておきたい身だしなみとマナー

● 身だしなみ，受け答えのしかたなどを再確認する。

保護者面接での身だしなみ

　受験生本人が身だしなみに注意を払うのはもちろんのことですが，同様に保護者も面接官に好印象を持ってもらえるような演出を考える必要があります。演出の基本は次に挙げた3項目です。

① 落ち着いた服装や化粧で臨むこと

　受験面接には落ち着いた服装や化粧で臨んでください。派手なシャツやネクタイ，濃い化粧，必要以上のアクセサリー，けばけばしいマニキュアやネイルアート，カジュアルな服装，匂いの強い香水，過度なパーマや染髪などは，ぜひ慎んでください。

② 清潔感を保つこと

　清潔感のある身なりで臨みましょう。ボサボサ頭や無精ひげ，フケ，口臭，体臭などには十分に気を配り，面接官に不快感を与えないように心がけることは言うまでもありません。また，ズボンのプレスやほこり取りなど，服の手入れも忘れずにしておきたいことです。

③ 細かいところまで気を配ること

　靴の手入れ，爪先の汚れ，ボタンのゆるみ，袖口のほつれ，スカート丈など，細かいところまで入念にチェックしておきます。面接官は，そういった細かいところにも目を光らせています。

　面接官の第一印象をよくするためには，何をおいても身だしなみに気を配ることです。120ページに身だしなみのチェックリストを出しておきましたので，参考になさってください。

大人らしい振る舞いに注意する

　ほかにも，保護者面接の際に確認しておいてほしいことがらを以下にまとめておきました。多くは社会人のマナーとして広く知られているものですので，改めて言うまでもないのでしょうが，念のために目を通しておいてください。

① 回答はスマートに

　面接官からの質問には，スマートに答えてください。具体例を交えながら話すのはよいことですが，度を超して長々と説明するようなことがないようにします。

　また，家庭や子供の自慢話にならないよう気をつけてください。

② 礼儀正しく振る舞う

　適切な振る舞いが求められることは言うまでもありません。挨拶やお辞儀のしかた，いすの座り方，言葉づかいなど，気を配るポイントは受験生とほぼ同じですから，少しでも不安のある人は，1ページからの記述を参考にして確認しておいてください。

③ 門をくぐった瞬間から採点されている

　面接は，志望校の門をくぐった瞬間から始まっていると思っておいてください。いつ，どこで観察されているかわかりませんので，つねに見られているという意識を持つことが必要かもしれません。もちろん，受付や控え室での様子なども観察されていると思っておきましょう。

　というわけで，面接会場でないからといって気を抜いたり，ほかの保護者と大声で話したりするのはダメだということです。

レベルアップ　面接官から共感を得るためのテクニック・あいづち

　面接は，基本的に面接官からの質問に答えるものですが，それだけではなく，コミュニケーションを取り合いながら「共感」を得られるように心がけたいものです。

　面接官や受験生の発言に対して，「私は理解しています」「共感しています」ということを表現する手法として最もスタンダードなのは，あいづちを打つことです。ただ，同じあいづちを繰り返すのは反感を招くこともあるので，それを避けるためのパターンをいくつか紹介します。

- 同意（「そのとおりですね」「なるほど」など）
- 驚き（「そうなのですか？」「すばらしいですね！」など）
- 展開（「それはどういうことなのでしょうか？」など）
- 疑問（「なぜでしょうか？」など）

保護者の身だしなみ　チェックリスト

【男性の保護者（父親）の場合】

- ☐ 清潔な髪型にする。整髪料は匂いのきつくないものを。
- ☐ ひげをそり，目やにを取り除く。口臭にも注意。サングラス類は御法度。
- ☐ 肩口に付着したフケや髪の毛を落とす。
- ☐ スーツをきちんと着用する。できるだけダーク系の色のものを選ぶ。
- ☐ ワイシャツは派手でないものを選ぶ。ネクタイも落ち着いたものにする。
- ☐ 上着のポケットのふたを外に出し，中にものを入れない。
- ☐ 袖口のボタンを留める。
- ☐ 爪を切り，清潔にする。アクセサリーは結婚指輪ぐらいにする。
- ☐ ズボンはしっかりとプレスし，折り目をつける。
- ☐ 革靴はしっかり磨いておく。

【女性の保護者（母親）の場合】

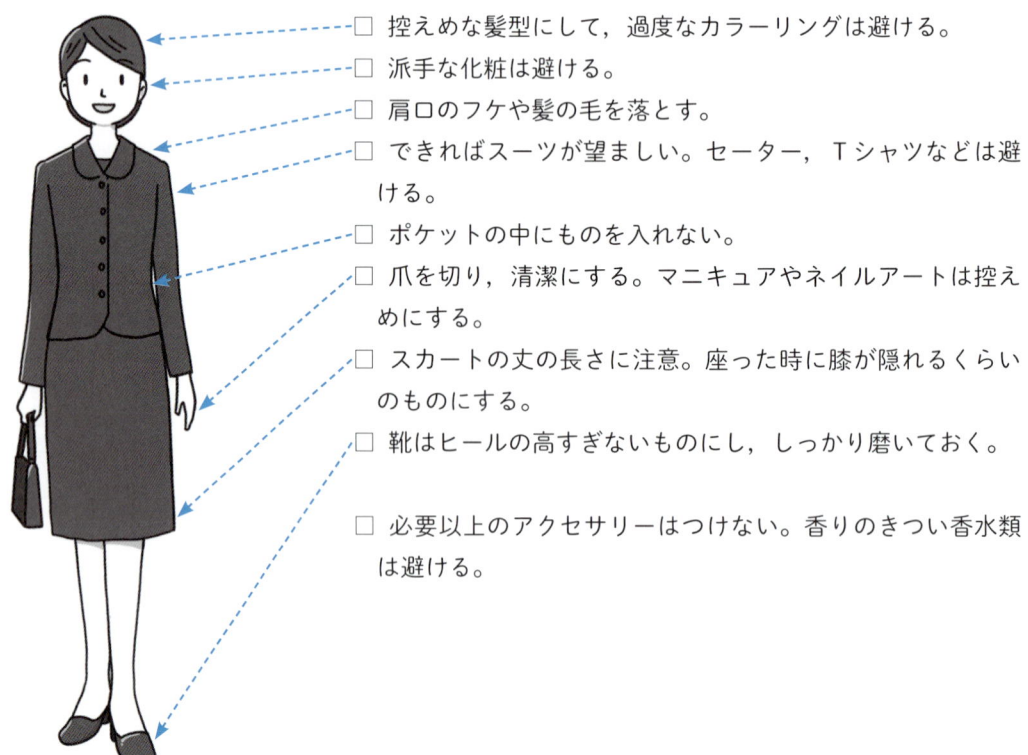

- ☐ 控えめな髪型にして，過度なカラーリングは避ける。
- ☐ 派手な化粧は避ける。
- ☐ 肩口のフケや髪の毛を落とす。
- ☐ できればスーツが望ましい。セーター，Ｔシャツなどは避ける。
- ☐ ポケットの中にものを入れない。
- ☐ 爪を切り，清潔にする。マニキュアやネイルアートは控えめにする。
- ☐ スカートの丈の長さに注意。座った時に膝が隠れるくらいのものにする。
- ☐ 靴はヒールの高すぎないものにし，しっかり磨いておく。
- ☐ 必要以上のアクセサリーはつけない。香りのきつい香水類は避ける。

3 保護者に対する質問集

● 家庭でコミュニケーションがとれているか，志望校への理解ができているかなどが問われる。

ここからは，よくされる質問の具体例とそれに対する模範回答例とNG回答例を挙げていきます。回答例を参考に，それぞれのご家庭に合わせた回答を準備しておいてください。

質問1～4は，受験生自身のことについての質問です。

受験生の性格，将来の進路，交友関係，健康状態などについて尋ねて，受験生自身の状況や，受験生の周辺環境が良好かどうかを見ます。

質問1 お子さんはどのような性格ですか。

Good 模範回答例

ものごとのよしあしを自分自身で判断し，実行に移すことができるという意志の強さを持っています。しかしながら，時に独断的になりがちですので，そういった場面を見かけた際には時間をかけて話し合い，改善の方向へ導くようにしています。

面接官の印象や評価：本人の性格をきちんとつかんでいるな。また，問題点に対しては家庭でも対応しているようで，安心だな。

Bad NG回答例

意志の強さ，判断力の的確さ，そして優しい心の持ち主です。スポーツも人並み以上にできますし，学習への意欲も高いのではないでしょうか。ほかの中学生とは比べものにならないほどすばらしいと思っています。

こんなに長所を並べられても…。少し身びいきが過ぎるのでは。

Bad NG回答例

自分の考えたとおりにならないとむくれてしまって…。親として本当に困っています。この性格がいつ直ることやら…。

子供のことを否定的に述べているのは気になるな。困っているだけで，何も対応していないのだろうか。

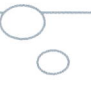

💡 **カンザキ先生のアドバイス**

この質問は受験生の人柄が良好かどうかを確認するためのものです。あくまで「良好かどうか」を見ているのですから，できるだけ長所を積極的にアピールしたいものです。しかし，あまり褒め過ぎるのもわざとらしく，かえって印象を悪くしてしまいますので注意したいところです。

だからといって，へりくだり過ぎて短所や問題点ばかりを並べるのも考えものです。話が短所に及んでしまった時には，保護者がどのように改善させようとしているのかについてもぜひ触れておきたいところです。

質問2　お子さんの将来の進路について，どのようにお考えですか。

Good 模範回答例

本人は，英語を使った仕事がしたいと言っています。具体的な進路選択は高校に進学したあとに考えると思いますが，親としてはできるだけ本人の意志を尊重しながら，進路選択の支援をしていきたいと思っております。

面接官の印象や評価
保護者がきちんと本人の希望を把握していらっしゃるようだ。これなら進路選択の支援もご家庭でしてくれそうだ。

Bad NG回答例

そのことに関して，親は一切関知していません。進路の決定はすべて本人に任せていますので。

面接官の印象や評価
親は関知しないって，どういうこと？　このような状況で，本人は適切な進路選択ができるのだろうか…。

Bad NG回答例

私は会社を営んでおりまして，息子にはあとを継いでもらわないと困るんです。

面接官の印象や評価
本人の意志をちゃんと確認したのだろうか。どうも親の都合だけで決めているようだな。

カンザキ先生のアドバイス

「本人に一任している」というスタンスで回答するのは，家庭内での話し合いや指導が行き届いていないと受け取られる可能性もあり，あまりおすすめできません。

質問3　お子さんの健康状態についてお聞かせください。

Good 模範回答例

これまで大きな病気にかかったことはなく，健康状態はいたって良好です。

面接官の印象や評価
健康状態は良好そうだ。入学に問題はないな。

Good 模範回答例
幼い頃からアトピー性皮膚炎を患っており，ひどい状態になったこともありました。現在は主治医の指導のもと，投薬治療や生活改善をおこなって，日常生活には支障ありません。

> 面接官の印象や評価
> 病気はあるものの，医師の指導に基づいた生活を送っている。入学に支障はないな。

Bad NG回答例
長年アレルギー性鼻炎を患っています。時には鼻水が止まらないなど，学習に支障を来すこともありますので，親としては心配しています。

> 面接官の印象や評価
> 学習に支障を来すほどとは深刻だな。大丈夫かな…。

💡 カンザキ先生のアドバイス

受験生本人が抱える問題点や短所に話が及んだ際には，本人および保護者が改善に向けてしっかり取り組んでいる旨を伝える必要があります。

質問4 お子さんがどのような人になってほしいか，お聞かせください。

Good 模範回答例
ことがらの本質がつかめる人間に育ってほしいと願っています。そうしたことから，探究心を大切にするとともに，多様な視点を持ってほしいと考え，育ててきました。1つのことにのめり込むことは否定しませんが，ほかの立場や分野を軽視することは結果として専門的な領域を正しく見つめられないことになり，そのような人間になることは本意ではありません。

> 面接官の印象や評価
> なるほど。本人の自主性にゆだねるだけでなく，保護者として支援すべきところを考えているようだ。しっかりと子供を見つめようとしている様子がわかるな。

Bad NG回答例
特にありません。子供は勝手に育ちますので。

> 面接官の印象や評価
> 特に教育について意識しているわけではないのか。

💡 カンザキ先生のアドバイス

将来どのような人となるように育てていきたいのか，明確なビジョンを持って答えてほしいです。本人の自主性に任せる方針でも，積極的に関与する方針でもかまいませんが，方針がない，という回答は好ましいとは言えません。

質問5・6は，保護者・家庭環境についての質問です。
　家庭の教育方針，家族のコミュニケーションなどについて尋ねて，受験生と保護者とが健全な関係を築けているかどうかを見ます。

質問5 お宅様の教育方針についてお聞かせください。

Good 模範回答例

自主性を養い，自分自身の力でものごとを判断できる人間に成長するように教育方針を定めています。そのため，何事も子供に利点と問題点の双方を考えさせるようにしています。ただし，子供に任せっきりにはせず，折にふれて親のアドバイスを与えて的確な判断ができるように支援しています。

面接官の印象や評価：自主性を尊重しつつ，親からも適度なアドバイスを与えているということか。よい関係にあるようだな。

Bad NG回答例

自主性を養うため，どんなことに関してもすべて本人の判断に任せています。本人が決めたことに対しては，親は一切口を挟みません。

一切口を挟まないというのは，どうかな？　中学生はまだまだ未熟な面が多いはずだと思うが。

Bad NG回答例

家庭内では厳しくしつけるようにしています。口答えなどは一切許しませんし，本人もよく言うことを聞いているようです。

家庭の外ではどうなのだろう。家庭内の反動みたいなものが出ていなければよいのだが…。

💡 カンザキ先生のアドバイス

　家庭での教育やしつけの方針を尋ねることで，受験生本人がどういう家庭環境下で育ってきたのかがある程度推測できます。すると，本人の性格や気質がよりわかりやすくなりますので，入学後の本人の姿を具体的に想像できるようになります。一定の教育方針のもと，保護者が適切に関与していることを伝えてください。
　また，家庭内だけでなく社会生活上で必要なことがらに対する教育をおこなってきたことについても，アピールしてください。

質問6 ○○さんのご家庭は共働きのようですが，お子さんとのコミュニケーションはどのように図っていらっしゃいますか。

Good 模範回答例

1日1回は家族全員で食卓を囲むようにしています。我が家では，特に朝食の時間に対話をするように心がけています。学校でのできごとや最近のニュースなどがおもな話題です。話をしていると，微妙な子供の変化にも気づくことが多く，とても効果的だと感じています。

> 面接官の印象や評価
> 家族全員が食卓を囲むとは，いいな。食事の時はリラックスできて，きっと会話も弾むことだろう。

Good 模範回答例

互いの生活の時間帯が違うため，直接対話をするのは難しいのが現状です。そのため我が家では，携帯電話やメールを活用してコミュニケーションを取るようにしています。ただし，そのぶん休日にはできるだけいっしょの時間を持つように努力しています。

> 携帯電話やメールでコミュニケーションを取るというのも，時代の流れかな。そのぶん，休日は直接言葉を交わしてほしいな。

Bad NG回答例

仕事の関係上，すれ違いの生活もやむを得ません。ここ2，3か月間ほど，まともに話ができていませんが，どうしようもありません。

> いろいろ事情はあるだろうが，何か工夫はできないのだろうか。どうしようもないですませておくのは問題だ。

💡 カンザキ先生のアドバイス

親子間の対話についての質問をすることで，健全な家庭環境で育っているかどうかが見えてきます。親子間で積極的にコミュニケーションを取っていることを説明するとともに，その時におこなっている工夫などを添えると説得力のある回答になります。

質問7・8は，志望校への理解についての質問です。
　志望理由，高校の教育方針，校風に対する考えなどについて尋ねて，志望校に対して，保護者の十分な理解があるかどうかを見ます。

質問7　なぜ本校を受験させようとお思いになったのですか。

Good 模範回答例

本人は将来は国際的なフィールドで活躍したいと願っておりますので，その際に不可欠な知性やモラル，マナーを身につけさせる必要があると考えております。こちらの高校では，知的で洗練された女性の育成を理念として掲げ，厳しいながらも熱意のある指導をおこなっているとうかがっております。また，学校説明会に同席した本人もこちらの教育理念に共感しているようでしたので，受験させようと考えました。

面接官の印象や評価

本人の目標を見据えたうえで，我が校を選択しているな。また，教育理念にも賛同していただいている。学校説明会にもご来場いただいているようだし，しっかりと考えたうえでの選択だ。

Bad NG回答例

正直申して，学費の安さですね。これは，単に安いというのではなく，これだけの設備や教育環境を備えているにもかかわらず，「お値打ち感がある」という意味ですがね。

褒めていただくのはうれしいが，あまりよい印象は持てないな。学費だけで我が校の価値を測られているようで…。

Bad NG回答例

学校選択については本人にすべて任せました。学校の中身なんて，我々にはわかりませんので。

………。

💡 カンザキ先生のアドバイス

　この質問では，志望校の選択に当たって家庭内で十分な話し合いや合意が成されたかどうかを試しています。受験生本人の希望はもちろんのこと，保護者としても志望校に対する十分な理解を持って志望校選択をしたことを伝えてください。

質問 8 　我が校の教育方針に関して，ご意見をお聞かせください。

Good 模範回答例

「**知**的で洗練された女性エリートの育成を図る」という，こちらの学校の教育方針に賛同しております。我が子が社会に出る頃には，女性の社会進出の機運がますます高まると想像できます。そういった環境の中で活躍できる人材を育成しようとするこちらの高校の教育方針や取り組みに期待しております。学校説明会の際に，グループワークやディスカッションなどを取り入れ，問題発見や解決能力の養成に力を入れていらっしゃることをうかがいましたが，これはまさに教育方針が反映された例だと感じております。

面接官の印象や評価：我が校の教育理念を理解し，共感している。しかも，我が校の特色も把握しており，ウチのことを十分にわかっていただいたうえで志望していることがわかるな。

Bad NG回答例

「**知**的で洗練された女性エリートの育成を図る」という教育方針にぞっこんほれ込んでおります。女性はこれからもっと活躍しなければなりません。まさに貴校の取り組みは，女性の社会進出の大きな第一歩ではないでしょうか。

面接官の印象や評価：「ぞっこんほれ込んでいる」とか「女性の社会進出の大きな第一歩」とか，少し大げさ過ぎて，わざとらしさを感じてしまうね。

Bad NG回答例

教育方針については，本人が理解していれば，それでよいと思います。学校へ行くのはあくまで本人ですし…。

面接官の印象や評価：では，本校に入学させてどのような教育を身につけさせようとお考えなのですか。それも，本人任せですか。

カンザキ先生のアドバイス

　この種の質問に答えるためには，保護者自身が教育理念や学校の特色を理解していることが不可欠であることは言うまでもありません。各校には教育理念や教育方針があり，それらを実現するためにカリキュラムや学校行事が存在します。これらについては，学校案内のパンフレットやホームページなどできちんと調べておいてください。
　ところで，志望校のことを褒め過ぎるのは，そのほかの発言に対してもその信憑性を疑われかねません。褒めるというスタンスではなく，「評価する」「期待する」といった方向で回答するように心がけたいものです。

4章　保護者面接の対策法

著者紹介

神﨑　史彦（かんざき　ふみひこ）

　カンザキメソッド代表。法政大学法学部法律学科卒業後，大手通信教育会社にて国語・小論文の問題作成を担当するかたわら，大学受験予備校や学習塾で指導する。東進ハイスクール・東進衛星予備校を経て，現在，リクルート・スタディサプリで講師を務めるほか，全国各地の高校・大学において小論文関連の講演や講義を行い，受講者数は10万人を超える。小論文指導のスペシャリスト。また，21世紀型教育を推進する私学の団体21世紀型教育機構（21stCEO）にてリサーチ・フェローを務める。総合型・学校推薦型選抜対策塾「カンザキジュク」を運営。多数の早慶上智ICU・GMARCH・国公立の合格者を輩出している。

　『大学入試　小論文の完全攻略本』『大学入試　小論文の完全ネタ本改訂版（医歯薬系／看護・医療系編）』『同（社会科学系編）』『同（人文・教育系編）』『同（自然科学系編）』『志望理由書のルール（文系編）』『同（理系編）』『看護医療系の志望理由書・面接』（以上，文英堂），『特化型小論文チャレンジノート　看護・福祉・医療編』『志望理由書・自己ＰＲ文完成ノート』（以上，第一学習社），『改訂2版　ゼロから1カ月で受かる大学入試面接のルールブック』『改訂版　ゼロから1カ月で受かる大学入試小論文のルールブック』『改訂版　ゼロから1カ月で受かる大学入試志望理由書のルールブック』『ゼロから1カ月で受かる大学入試プレゼンテーション・グループディスカッションのルールブック』（以上，KADOKAWA）など著書多数。

連絡先　カンザキジュク
　　　　https://kanzaki-juku.com
　　　　https://kanzaki-method.com
　　　　E-mail : info@kanzaki-method.com

〈編集協力〉多湖奈央
〈デザイン〉coyori社
〈イラスト〉渡辺裕子
〈録音〉爽美録音株式会社

シグマベスト
高校入試
合格を決める！　面接

本書の内容を無断で複写(コピー)・複製・転載することは，著作者および出版社の権利の侵害となり，著作権法違反となりますので，転載等を希望される場合は前もって小社あて許諾を求めてください。

Ⓒ 神﨑史彦　2016　　Printed in Japan

著　者　神﨑史彦
発行者　益井英郎
印刷所　NISSHA株式会社
発行所　株式会社　文英堂

〒601-8121　京都市南区上鳥羽大物町28
〒162-0832　東京都新宿区岩戸町17
（代表）03-3269-4231

●落丁・乱丁はおとりかえします。

予想質問 & 回答カード

それぞれの質問について，裏面にキミの回答を書き込みます。
暗記用や模擬試験用に使いましょう。

① ミシン目に沿って切り離します。
② ○の位置に穴をあけます。
③ 穴にリングを通して使います。

---

1 志望理由に関する質問

質問1

なぜ本校を志望したのですか。

→ 40ページ

---

1 志望理由に関する質問

質問2

なぜこの学科（コース）を選んだのですか。

→ 41ページ

---

1 志望理由に関する質問

質問3

本校のどのような点がよいと思いましたか。

→ 41ページ

---

2 他校受験に関する質問

質問1

本校のほかに，受験した高校はありますか。

→ 42ページ

---

2 他校受験に関する質問

質問2

本校は第一志望ですか。

→ 43ページ

---

2 他校受験に関する質問

質問3

本校が不合格になったら，あなたはどうしますか。

→ 43ページ

---

3 校則に関する質問

質問1

校則の役割とは何でしょうか。

→ 44ページ

---

3 校則に関する質問

質問2

本校の校則は厳しいですが，守れますか。

→ 45ページ

回答

回答

回答

回答

回答

回答

回答

回答

3 校則に関する質問

質問 3
集団生活を営むうえで大切なことは何だと思いますか。

→45ページ

4 高校生活に関する質問

質問 1
本校に入学して、勉強以外にやりたいことはありますか。

→46ページ

4 高校生活に関する質問

質問 2
入学後の学習面で、特にこうしたいと思っていることがありますか。

→47ページ

4 高校生活に関する質問

質問 3
本校では資格が取れますが、興味はありますか。

→47ページ

4 高校生活に関する質問

質問 4
本校までの通学方法を教えてください。

→48ページ

4 高校生活に関する質問

質問 5
だいぶ遠いようですが、3年間通えますか。

→48ページ

5 合格後に関する質問

質問 1
受験が終わったら、何をしたいですか。

→49ページ

6 将来に関する質問

質問 1
高校を卒業してからどうしたいですか。

→50ページ

6 将来に関する質問

質問 2
あなたの将来の夢は何ですか。

→51ページ

6 将来に関する質問

質問 3
あなたの夢を実現するために、本校でできることはありますか。

→51ページ

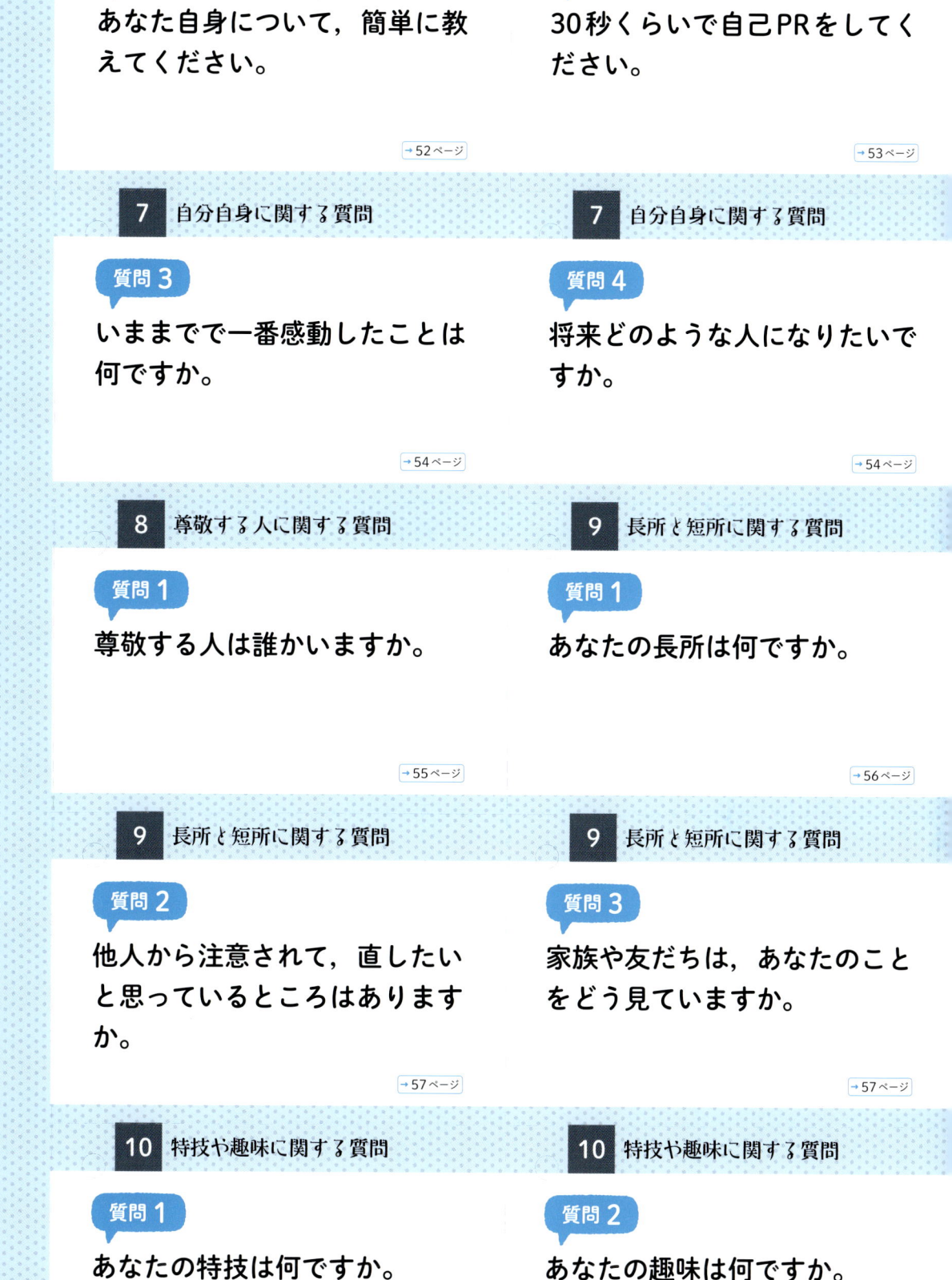

7 自分自身に関する質問

質問1 あなた自身について，簡単に教えてください。

→52ページ

7 自分自身に関する質問

質問2 30秒くらいで自己PRをしてください。

→53ページ

7 自分自身に関する質問

質問3 いままでで一番感動したことは何ですか。

→54ページ

7 自分自身に関する質問

質問4 将来どのような人になりたいですか。

→54ページ

8 尊敬する人に関する質問

質問1 尊敬する人は誰かいますか。

→55ページ

9 長所と短所に関する質問

質問1 あなたの長所は何ですか。

→56ページ

9 長所と短所に関する質問

質問2 他人から注意されて，直したいと思っているところはありますか。

→57ページ

9 長所と短所に関する質問

質問3 家族や友だちは，あなたのことをどう見ていますか。

→57ページ

10 特技や趣味に関する質問

質問1 あなたの特技は何ですか。

→58ページ

10 特技や趣味に関する質問

質問2 あなたの趣味は何ですか。

→59ページ

回答

回答

回答

回答

回答

回答

回答

回答

回答

回答

10 特技や趣味に関する質問

質問 3

自慢できることが何かありますか。

→59ページ

11 好きな言葉に関する質問

質問 1

座右の銘にしている言葉がありますか。

→60ページ

11 好きな言葉に関する質問

質問 2

あなたの好きな言葉は何ですか。

→61ページ

11 好きな言葉に関する質問

質問 3

あなたが大切にしている言葉は何ですか。

→61ページ

12 友人関係に関する質問

質問 1

あなたには親友と呼べる友だちがいますか。

→62ページ

12 友人関係に関する質問

質問 2

あなたにとって，気の合う人と気の合わない人の違いはどのようなことですか。

→63ページ

12 友人関係に関する質問

質問 3

友だちとけんかをしたことはありますか。

→63ページ

12 友人関係に関する質問

質問 4

友だちとつきあううえで，大切なことはどのようなことですか。

→64ページ

12 友人関係に関する質問

質問 5

友だちとどのような話をしますか。

→64ページ

13 読書に関する質問

質問 1

最近読んだ本で，印象に残っているものは何ですか。

→65ページ

回答

回答

回答

回答

回答

回答

回答

回答

回答

回答

14 学業に関する質問

質問 1
あなたの得意科目を教えてください。

→66ページ

14 学業に関する質問

質問 2
苦手科目はありますか。

→67ページ

14 学業に関する質問

質問 3
勉強でわからないところはどうしていましたか。

→67ページ

15 塾や習い事に関する質問

質問 1
塾には行っていましたか。行っていたのなら，どれくらいの頻度でしたか。

→68ページ

15 塾や習い事に関する質問

質問 2
塾で習っていない科目はどのように勉強しましたか。

→69ページ

15 塾や習い事に関する質問

質問 3
習い事に通っていますか。もしくは，過去に通っていましたか。

→69ページ

16 中学校での部活動に関する質問

質問 1
中学校で部活動は何かしていましたか。

→70ページ

16 中学校での部活動に関する質問

質問 2
部活動での思い出は何かありますか。

→71ページ

16 中学校での部活動に関する質問

質問 3
高校でも，同じ部活動を続けたいですか。

→71ページ

16 中学校での部活動に関する質問

質問 4
部活動で学んだことは何ですか。

→72ページ

回答

回答

回答

回答

回答

回答

回答

回答

回答

回答

16 中学校での部活動に関する質問

質問 5
なぜ部活動をやめたのですか。

→ 72ページ

17 委員会や生徒会に関する質問

質問 1
中学校で委員会や生徒会活動はしていましたか。

→ 73ページ

18 中学校生活に関する質問

質問 1
中学校生活で最も印象に残っていることは何ですか。

→ 74ページ

18 中学校生活に関する質問

質問 2
あなたの通う中学校について説明してください。

→ 75ページ

18 中学校生活に関する質問

質問 3
小学校と中学校の違いについて，あなたはどのように考えていますか。

→ 75ページ

19 熱中したことに関する質問

質問 1
あなたが中学校生活で熱中したことについて教えてください。

→ 76ページ

20 中学校時代の思い出に関する質問

質問 1
中学校での一番の思い出は何ですか。

→ 77ページ

21 中学校の先生に関する質問

質問 1
3年の担任の先生はどのような人ですか。

→ 78ページ

22 調査書の内容に関する質問

質問 1
2年生の時に欠席や遅刻が多いようですが，どうかしたのですか。

→ 79ページ

23 家族に関する質問

質問 1
ご両親はどのような方ですか。

→ 80ページ

回答

回答

回答

回答

回答

回答

回答

回答

回答

回答

23 家族に関する質問

質問 2
あなたの家族構成を教えてください。

→81ページ

23 家族に関する質問

質問 3
保護者の方のお名前と職業を教えてください。

→81ページ

23 家族に関する質問

質問 4
兄弟・姉妹の仲はどうですか。兄弟げんかはしますか。

→82ページ

23 家族に関する質問

質問 5
家族とどのような話をしますか。

→82ページ

24 家庭での手伝いに関する質問

質問 1
家で手伝いをしますか。

→83ページ

25 生活スタイルに関する質問

質問 1
友だちと遊びに行くことは多いですか。

→84ページ

25 生活スタイルに関する質問

質問 2
朝食は毎日きちんと食べていますか。

→85ページ

25 生活スタイルに関する質問

質問 3
休みの日は何をして過ごしていますか。

→85ページ

26 校外の活動に関する質問

質問 1
地域交流やボランティア活動に参加したことがありますか。

→86ページ

26 校外の活動に関する質問

質問 2
ボランティア活動やアルバイトに興味はありますか。

→87ページ

回答

回答

回答

回答

回答

回答

回答

回答

回答

回答

27 社会的なできごとに関する質問

質問1
新聞やテレビのニュース番組を見ていますか。
→88ページ

質問2
最近，気になっている社会的なできごとは何ですか。
→89ページ

28 情報化社会に関する質問

質問1
インターネット上のマナーについてどう思いますか。
→90ページ

質問2
携帯電話やスマートフォンを持っていますか。どう使っていますか。
→91ページ

質問3
テレビを一日何時間見ますか。
→91ページ

29 環境問題に関する質問

質問1
環境問題に対して，あなたはどのように取り組みたいと思っていますか。
→92ページ

30 高齢化社会に関する質問

質問1
高齢化社会において，あなたにできることは何ですか。
→93ページ

31 国際化に関する質問

質問1
日本に住む外国人が増えているいま，彼らと交流する時に大切なことは何だと思いますか。
→94ページ

32 車内マナーに関する質問

質問1
電車の中での携帯電話やスマートフォンの使用をどう思いますか。
→95ページ

33 優先座席に関する質問

質問1
あなたは，バスや電車の優先座席は必要だと思いますか。
→96ページ

回答

回答

回答

回答

回答

回答

回答

回答

回答

回答

もくじ

2	受験1週間前からの準備
3	受験前日の準備
5	受験前日の注意
6	受験当日の注意
7	試験前〜試験終了後の注意
8	服装のチェック
10	面接の手順のおさらい
12	持ちものチェック表
14	受験校の連絡先・経路
16	困った時の連絡先

受験1週間前からの準備

生活のリズムを整える

☐ **朝型の生活をする**
　試験は多く午前中に始まります。試験の始まる時間にしっかり頭が働くように体を慣らしていくことが大切です。

☐ **食事をきちんと食べる**
　食事をすることで，脳が働きます。朝・昼・晩の食事をバランスよくとるようにしましょう。

☐ **体調管理をしっかりおこなう**
　受験当日に体調を崩してしまっては大変です。カゼなどをひかないように，うがいや手洗いをする，体を冷やさないといったことに注意しましょう。

受験会場までの行く方法・時間を確認する

☐ **受験会場の下見をする**
　受験会場までどうやって行くか，どれくらい時間がかかるか，下見は必ずしておきましょう。乗る電車・バスの時刻や運賃なども調べておきます。できれば受験当日と同じ時間帯に下見しておくと，朝のラッシュ状況なども確認できます。
　受験当日，トラブルで交通機関が動かなくなるということが起きるかもしれません。別の行き方も考えておきましょう。

受験前日の準備

当日の天気予報を確認する

☐ **受験当日の天気，気温などをチェックする**
　大雨や雪の場合，交通機関に遅れが出ることがありますので，早めに出発する必要があります。気をつけましょう。また，寒さ対策などで服装や持ちものを追加する必要があります。

服装・持ちものを確認する

☐ **当日着ていく服や靴をチェックする**
　着ていくものをきちんとそろえておきましょう。服がしわになっていたり，靴が汚れていたりしないかも確認しておきます。

☐ **受験会場に持っていくものをチェックする**
　この本の12～13ページを参考にして，持っていくものを点検しましょう。
　※前日の夜に準備すると，足りないものが見つかった時に間に合わないことがあります。準備は昼間にしましょう。
　※当日の朝に持ちものをかばんに入れようとすると，忘れてしまう危険性があります。必ず前日にはかばんに入れておきましょう。

☐ **受験票を確認する**
　複数の学校を受ける人は，受けにいく学校のものかしっかり確認しておきましょう。他校のものと間違えないように。
　※受験番号は面接の際に絶対尋ねられます。しっかり覚えておきましょう。

時間の確認をする

☐ 集合時刻の確認をする

受験会場の集合時刻を必ず確認しておきましょう。集合時刻の30分前には着くように予定をたてます。ギリギリの時間に家を出ると遅刻する危険があります。

控えをとっておく

☐ 受験番号を控えておく

万が一，受験票を忘れてしまったり，なくしてしまったりした場合に必要です。受験番号を受付に申し出て，本人と確認できれば，受験票を再発行してもらえます。

☐ 受験校と中学校の電話番号を控えておく

受験会場に行けなくなってしまった時，連絡をする必要があります。受験校の電話番号を控えておきましょう。中学校に連絡する場合もあります。中学校の電話番号も控えておくのがよいでしょう。

※14～16ページにあるメモを活用しましょう。

受験前日の注意

食事・入浴・睡眠に気をつける

☐ 受験の前日は消化のよいものを食べる
　試験が近づくとどうしても緊張してきて、お腹をこわしてしまうこともありますので、消化のよいものを食べましょう。

☐ お風呂は早めにゆっくりと入る
　ぬるめのお湯にゆっくりとつかると、体の疲れがとれます。寝る直前に入ると、頭がさえて眠れなくなることもあるので、気をつけてください。

☐ 睡眠はしっかりとる
　前日は夜遅くまで勉強せず、軽く要点をさらっておくくらいにしましょう。明日に備えて、早めに寝ましょう。

翌日の起床時刻を確認する

☐ 余裕のある時刻に目覚まし時計をセットする
　脳の活動がよくなるのは、朝起きてから2〜3時間後と言われています。受験当日は、試験開始の3時間前には起きるように目覚まし時計をセットしましょう。

受験当日の注意

朝起きてからの注意

☐ **朝食は必ず食べる**
　朝食を食べないで行くと、脳がうまく働きません。必ず食べて出発しましょう。

☐ **トイレを済ませる**
　トイレ(大)は済ませておきましょう。

出発前の注意

☐ **持ちものをもう1度チェックする**
　家を出る前に、もう1度持っていくものを確認しましょう。特に受験票を忘れると大変なのでしっかり確認してください。

☐ **身だしなみをチェックする**
　自分の姿を鏡で見て、服が汚れていないか、ネクタイやリボンが曲がっていないか、髪は整っているか、などを確認します。
※前日までにもう一度8～9ページにある「服装のチェック」を見ておきましょう。

☐ **早めに出発する**
　何が起こるかわからないので、余裕を持って出発しましょう。

試験前～試験終了後の注意

試験前～試験中の注意

☐ **受験校の先生の指示をよく聞き，従う**
　　黒板などに書かれた指示なども読んで，守りましょう。

☐ **トイレを済ませておく**
　　トイレの場所を確認して，早めに行っておきましょう。

☐ **ポケットの中身を確認する**
　　持ってきた参考書やメモなどを入れたままにしておくと，不正行為とみなされます。気をつけましょう。

☐ **トラブルが起きてもあわてない**
　　試験中に具合が悪くなったり，トイレに行きたくなったりしたら，あわてず静かに手を挙げて試験官に伝えましょう。

試験終了後の注意

☐ **寄り道をせず，家に帰る**
☐ **受験票は持ち帰り，きちんと保管する**

服装のチェック

女子の場合

- ☐ 化粧をしたり，アクセサリーを身につけたりしない。
- ☐ 上着やブラウスにはアイロンをかける。
- ☐ 爪を切り，清潔に保つ。マニキュアは厳禁。
- ☐ スカートはアイロンでシワを伸ばし，折り目をつける。スカート丈に気をつける。
- ☐ 靴は革靴が望ましい。きちんと磨いておく。
- ☐ 髪を整え，清潔な髪型にする。
- ☐ 肩口のフケや髪の毛を落とす。
- ☐ 上着のボタンをしっかりと留める。
- ☐ ポケットの中にものを入れない。ふたを外に出す。
- ☐ 靴下は，校則に合わせたものにする。指定がなければ白や紺の無地のものにする。だらしがないはき方をしない。

男子の場合

- 髪を整え，清潔な髪型にする。
- 肩口のフケや髪の毛を落とす。
- 上着のボタンをしっかりと留める。
- ポケットの中にものを入れない。ふたを外に出す。
- 靴下は，校則に合わせたものにする。指定がなければ白や紺の無地のものにする。だらしがないはき方をしない。
- ひげをそり，目やにを取り除く。
- アイロンをかけたワイシャツを着用する。
- 爪を切り，清潔に保つ。
- ズボンはアイロンでシワを伸ばし，折り目をつける。ズボンの裾の長さに気をつける。
- 靴は革靴が望ましい。きちんと磨いておく。

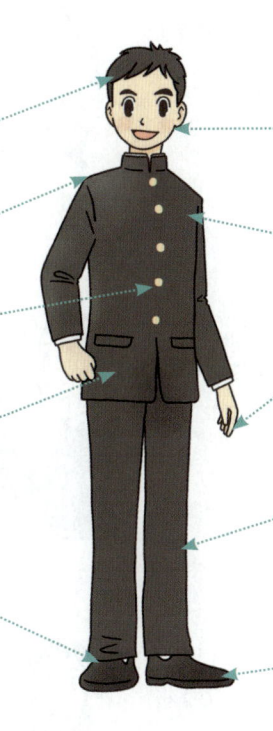

面接の手順のおさらい

❶ 控え室で待つ時は…
- 礼儀正しい態度で，静かに順番を待ちます。うろつき回ったり，おしゃべりをしたり，居眠りしたりしないように。

❷ 部屋に入る時は…
- 呼ばれたら，明るく返事をします。
- はっきりとドアをノックし，静かにドアを開けます。
- 入ったら，お辞儀をします。

❸ 席に座る時は…
- 面接官からの指示があるまでは座らないようにします。
- いすを乱暴に扱わないようにします。

❹ 質問に答える時は…

- 表情や姿勢に気を配り、きちんとした言葉づかいをしましょう。
- 面接官の目元からのど元あたりを見ながら話します。

❺ 席を離れる時は…

- 「ありがとうございました。」とお礼を述べてから、お辞儀をします。
- いすはきちんと元の位置に戻しましょう。

ありがとうございました。

❻ 部屋から出る時は…

- 入る時と同じく、ドアの開け閉めに注意しましょう。
- 終わったと思って、気をぬかないようにしましょう。

持ちものチェック表

必ず持っていくもの

- ☐ 受験票
- ☐ エンピツ（5本以上）またはシャープペンシル
  ※濃さの指定がないか，確認しましょう。
- ☐ 消しゴム（2個）
- ☐ 生徒手帳
- ☐ 腕時計
  ※計算機能のないものにします。
  ※アラームは鳴らないようにしておきましょう。
- ☐ お金
  ※少し多めに持っていきましょう。
  ※ICカードなどがあれば，いちいち切符を買わなくてすみます。
- ☐ 受験会場周辺地図
- ☐ 学校連絡先のメモ
- ☐ ハンカチ
- ☐ ポケットティッシュ

必要であれば持っていくもの

- ☐ 弁当
- ☐ 上ばき
- ☐ 防寒具・雨具
- ☐ 薬
  ※体調によって必要なものを持っていきましょう。
- ☐ 携帯電話
  ※学校によっては持ち込み禁止の場合もあります。確認しておきましょう。

　学校によって必要なものが違うことがあります。入試要項や受験票に書かれている「受験上の注意事項」などを見て，必要なものを確認して書いておきましょう。

- ☐
- ☐
- ☐

受験校の連絡先・経路

受験校1

学 校 名：

受験番号：

住　　所：

電話番号：

経　　路：

所要時間：　　　　　　　交 通 費：

学校までの地図を書いておきましょう。
インターネットで調べた地図をはっておくのもよいでしょう。

受験校2

学 校 名：

受験番号：

住　　所：

電話番号：

経　　路：

所要時間：　　　　　　交 通 費：

学校までの地図を書いておきましょう。
インターネットで調べた地図をはっておくのもよいでしょう。

困った時の連絡先

中学校の電話番号：＿＿＿＿＿＿＿＿＿＿＿＿＿＿＿＿＿＿＿

保護者の方の連絡先：＿＿＿＿＿＿＿＿＿＿＿＿＿＿＿＿＿＿

＿＿＿＿＿＿＿＿＿＿＿＿＿＿＿＿＿＿＿＿＿＿＿＿＿＿＿＿

＿＿＿＿＿＿＿＿＿＿＿＿＿＿＿＿＿＿＿＿＿＿＿＿＿＿＿＿